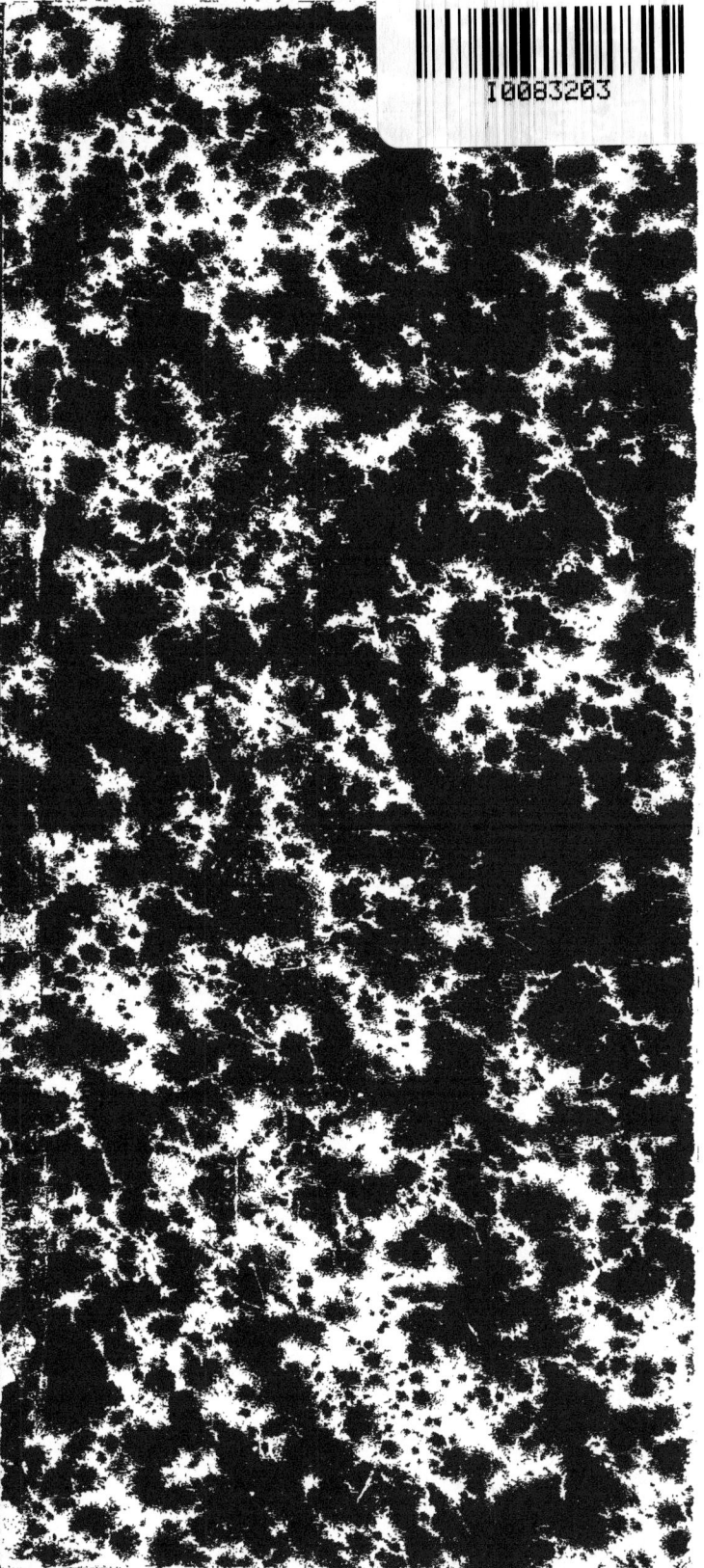

VAN HAVÉRE

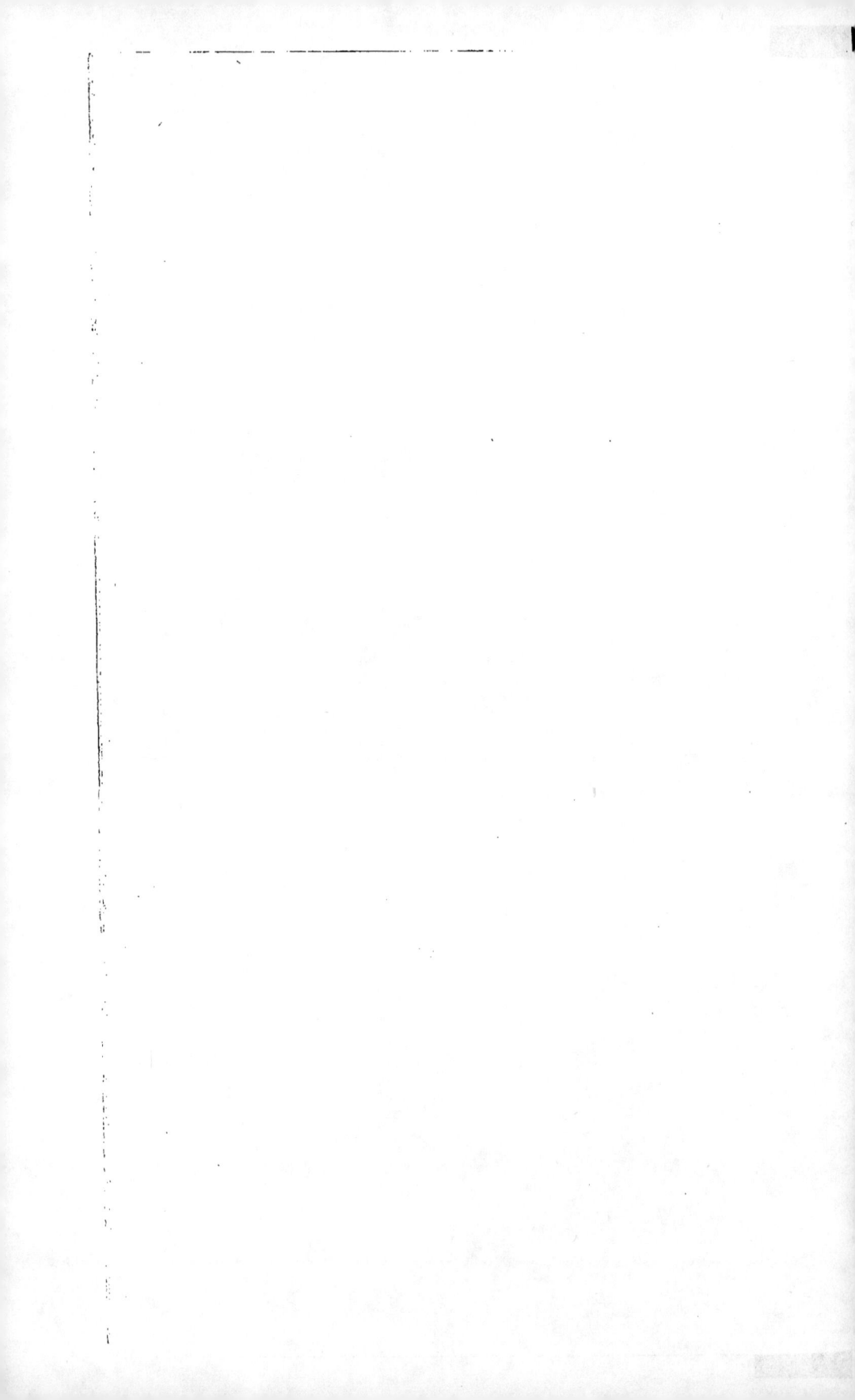

BERICHTE

DES

VII. INTERNATIONALEN

ORIENTALISTEN-CONGRESSES

GEHALTEN IN WIEN IM JAHRE 1886.

WIEN, 1889.

ALFRED HÖLDER

K. K. HOF- UND UNIVERSITÄTS-BUCHHÄNDLER.

I. ROTHENTHURMSTRASSE 15.

Verlag von **Alfred Hölder**, k. k. Hof- und Universitäts-Buchhändler,
Wien, I., Rothenthurmstrasse 15.

Separat-Abdrücke

aus den

Verhandlungen des VII. internationalen Orientalisten-Congresses.

Hunfalvy, P., Der Ursprung des Rumänischen.   Preis: M. 2.20.

Krall, J., Ueber den ägyptischen Namen Joseph's. (Genesis 41, 45.)
    Preis: M. —.60.

Kremer, A. Freiherr von, Ueber das Budget der Einnahmen unter der
Regierung des Hárûn Alrasîd. Nach einer neu aufgefundenen Urkunde.
    Preis: M. 3.—.

Leland, Charles Godfrey, The Original Gypsies and their language.
    Preis: M. —.50.

Lignana, Giacomo, I Navagvâh e i Dasagvâh del Rigveda. Preis: M. —.60.

Müller, D. H., Zur Geschichte der semitischen Zischlaute. Eine sprach-
vergleichende und schriftgeschichtliche Untersuchung.   Preis: M. 1.—.

Müller, Friedrich, Ueber Jasna **XXIX.** 1—2.   Preis: M. —.50.

Oppert, Jules, Les inscriptions juridiques de l'Assyrie et de la Chaldée.
    Preis: M. —.80.

Pleyte, W., Conservateur au musée d'antiquités des Pays-Bas, L'art antique
égyptien dans le Musée de Leide.   Preis: M. —.40.

Roth, R. von, Ueber gewisse Kürzungen des Wortendes im Veda.
    Preis: M. —.50.

Schlechta-Wssehrd, Baron O., Uebersetzungsproben aus Firdussi's reli-
giös-romantischem Epos „Jussuf und Suleicha".   Preis: M. 1.20.

Snouck Hurgronje, Dr. C., Arabische Sprichwörter und Redensarten.
    Preis: M. —.50.

Straszewski, Dr. M., Professor der Philosophie an der Universität in Krakau,
Ueber die Entwickelung der philosophischen Ideen bei den Indern
und Chinesen.   Preis: M. —.80.

Vidal Bey, M., Secrétaire général de l'Institut, Notice sur les travaux de
l'Institut Egyptien depuis sa fondation.   Preis: M. —.90.

Verlag von **Alfred Hölder**, k. k. Hof- und Universitäts-Buchhändler,
Wien, I., Rothenthurmstrasse 15.

BERICHTE

VII. INTERNATIONALEN

ORIENTALISTEN-CONGRESSES.

Druck von Adolf Holzhausen,
k. k. Hof- und Universitäts-Buchdrucker in Wien.

BERICHTE

DES

VII. INTERNATIONALEN

ORIENTALISTEN-CONGRESSES

GEHALTEN IN WIEN IM JAHRE 1886.

WIEN, 1889.

ALFRED HÖLDER

K. K. HOF- UND UNIVERSITÄTS-BUCHHÄNDLER.

I, ROTHENTHURMSTRASSE 15.

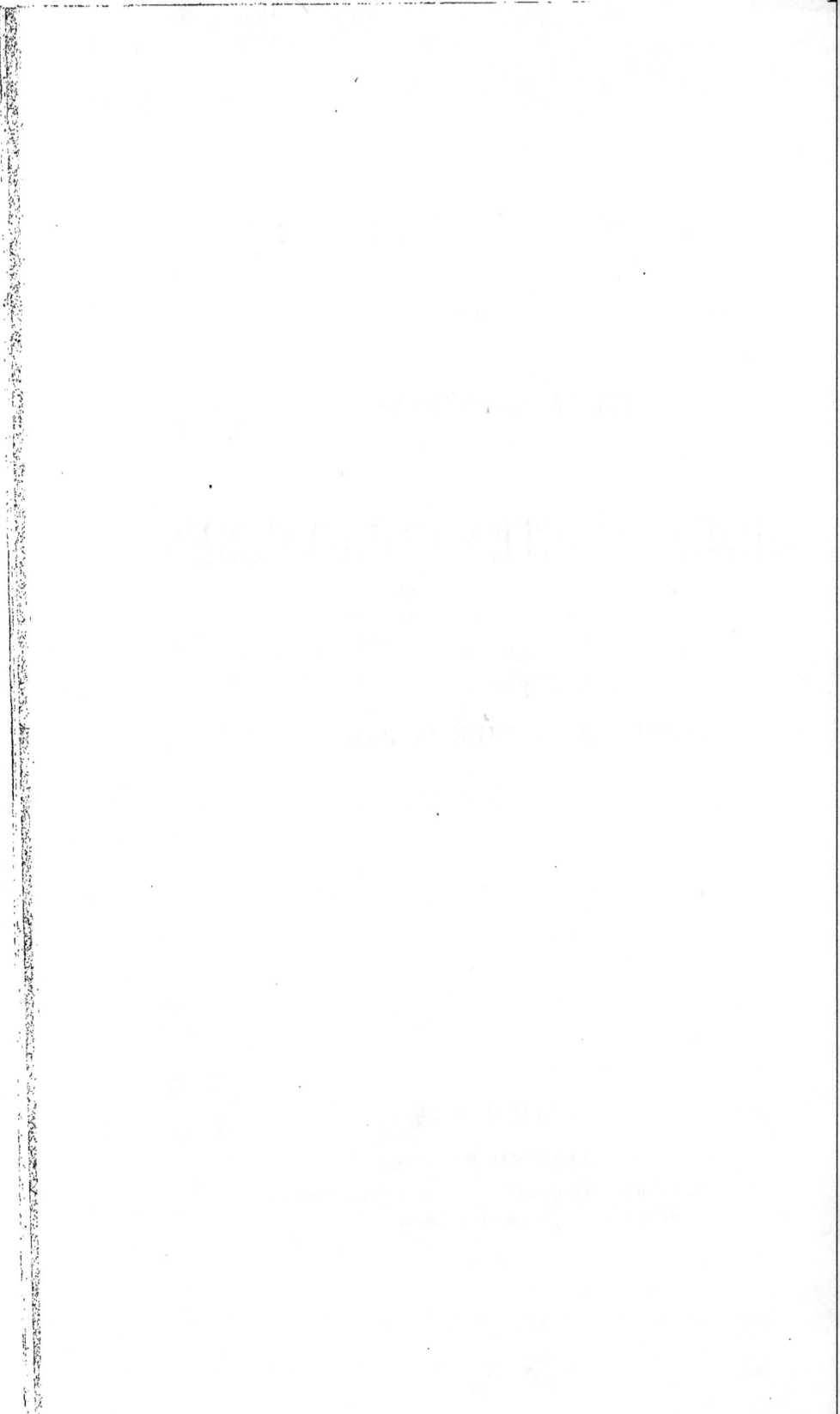

Einladungsschreiben.

In seiner Schlusssitzung vom 15. September 1883 hat der in Leyden tagende sechste internationale Orientalisten-Congress bestimmt, dass der siebente Congress im Jahre 1886 in Wien stattfinden soll, und gleichzeitig die Unterzeichneten mit der Aufgabe betraut, die nöthigen Vorbereitungen zu treffen.

In Ausführung des uns ertheilten Mandates beehren wir uns, mit Genehmigung der hohen k. k. österreichischen Regierung die förmliche Einladung zur Theilnahme an dem hier in Wien vom 27. September bis zum 2. October d. J. abzuhaltenden

siebenten internationalen Orientalisten-Congress

ergehen zu lassen.

Seine k. und k. Hoheit der durchlauchtigste Herr Erzherzog Rainer hat das Protectorat des Congresses anzunehmen geruht.

Die Mitgliedschaft des Congresses und damit das Anrecht auf die Publicationen desselben wird durch Einzahlung von sieben Gulden ö. W. erworben.

Anmeldungen und Einzahlungen, welche man möglichst bald einzusenden und nicht über den 1. August zu verschieben bittet, sind an das ‚Organisations-Comité des siebenten internationalen Orientalisten-Congresses‘ in Wien (Universität) zu richten. Die Theilnehmer werden ferner ersucht, ihre genaue Adresse beizufügen und zu erklären, ob sie auf dem Congresse erscheinen werden.

Die Mitgliederkarten werden den Theilnehmern seinerzeit zugesandt werden, eventuell auch die Anweisungen für die österreichisch-ungarischen Bahnen und Dampfschiffe, bei welchen das Comité Preisermässigungen zu erlangen sich bemühen wird.

Alle jene Gelehrten, welche auf dem Congresse Vorträge zu halten, Mittheilungen oder Fragen an denselben zu richten oder sonst in irgend einer Weise die Zwecke desselben zu fördern beabsichtigen, werden ersucht, nicht später als bis zum 1. August d. J. dem ‚Organisations-Comité‘ (Wien, Universität) Nachricht darüber zukommen zu lassen.

Schliesslich werden alle Orientalisten, denen der Inhalt dieses Einladungsschreibens erst aus zweiter Hand bekannt werden sollte, gebeten, gütigst einen Irrthum in der Adresse oder ein zufälliges Versehen seitens des Comité's voraussetzen und die Einladung als auch an sie gerichtet betrachten zu wollen.

Wien, am 23. März 1886.

Das Organisations-Comité
des
siebenten internationalen Orientalisten-Congresses:

Alfred Freiherr v. Kremer (Döbling, Hirschengasse 41).

Georg Bühler (Döbling, Hermannsgasse 14).

Joseph Karabacek (III., Seidelgasse 17).

Friedrich Müller (III., Marxergasse 24 a).

Dav. Heinr. Müller (Döbling, Annagasse 11).

Leo Reinisch (VIII., Josefstädterstrasse 30).

Mitglieder-Liste.

Protector.

Se. kais. und königl. Hoheit der durchlauchtigste Herr Erzherzog
Rainer.

Ehrenmitglieder.

Se. Majestät der Kaiser von Brasilien Dom Pedro de Alcântara.

Se. Majestät der König von Schweden und Norwegen Oscar II.

Se. kais. und königl. Hoheit Erzherzog Carl Ludwig.

Se. Hoheit der Khedive von Aegypten Muhammed Tewfik.

Se. königl. Hoheit Herzog Philipp von Coburg.

Se. Eminenz Fürsterzbischof von Wien, Cardinal Dr. Cölestin Gangl-
bauer.

Der Bürgermeister der Reichshaupt- und Residenzstadt Wien, Eduard
Uhl.

Se. Excellenz der Curator-Stellvertreter der kais. Akademie der
Wissenschaften Anton Ritter von Schmerling.

Se. Excellenz der Präsident der kais. Akademie der Wissenschaften
Alfred Ritter von Arneth.

Se. Magnificenz der Rector magnificus der k. k. Universität Wien,
Hofrath Professor Dr. R. Zimmermann.

Ehrenpräsident des Congresses.

Der k. k. Minister für Cultus und Unterricht Se. Excellenz Dr. P.
Gautsch von Frankenthurn.

Präsident des Congresses.

A. Freiherr von Kremer, k. k. Handelsminister a. D.

1*

— 4 —

Das Organisations-Comité.

A. Freiherr von Kremer, k. k. Handelsminister a. D.
Prof. Dr. Georg Bühler.
Prof. Dr. Josef Karabacek.
Prof. Dr. Friedrich Müller.
Prof. Dr. Dav. Heinr. Müller.
Prof. Dr. Leo Reinisch.
A. von Scala, k. k. Sectionsrath, Director des Orientalischen Museums.

Das weitere Comité.

Büdinger M., Dr., Prof. an der Universität.
Burkhard C., Dr., Gymnasialdirector.
Güdemann M., Dr., Rabbiner.
Hammer von Nemesbány Ant., Excellenz Freiherr von, k. k. Geheimrath etc.
Hechler, Rev. H. W., Caplan bei der englischen Botschaft.
Holzhausen A., Hof- und Universitäts-Buchdrucker.
Holzinger R., Ritter von, k. k. Consul, Vicedirector der k. und k. orient. Akademie.
Hultzsch E., Dr., Privatdocent an der Universität.
Krall J., Dr., Privatdocent an der Universität.
Lotz W., Dr., Prof. an der evang.-theol. Facultät.
Neumann W., Dr., Prof. an der Universität.
Pollak J. E., Dr., emerit. Leibarzt S. M. des Schah's Nasr Eddin von Persien.
Sax C., Ritter von, k. k. Generalconsul, k. und k. Sectionsrath, Prof. an der k. und k. orient. Akademie.
Schlechta-Wssehrd O., Freiherr von, k. u. k. a. o. Gesandter und bevollmächtigter Minister etc.
Seligmann F. R., Dr., em. Universitätsprofessor, Wien.
Tomaschek W., Dr., Prof. an der Universität.
Wahrmund A., Dr., Prof. an der k. und k. orient. Akademie.
Zschokke H., Dr., Prof. an der k. k. Universität, k. k. Hofrath etc.

Die Delegirten der Regierungen und der gelehrten Körperschaften.

1. Autriche-Hongrie.

   a) Das k. und k. Ministerium des Aeussern: Regierungsrath
      Dr. Michael Freiherr von Pidoll, Director der k. und k.
      Orient. Akademie, Consul Heinrich Ritter Holzinger von
      Weidich, Vicedirector der k. und k. Orient. Akademie.

   b) Die königl. Akademie der Wissenschaften in Budapest: die
      Professoren P. Hunfalvy, Vámbéry und Goldziher.

   c) Die theol. Facultät in Salzburg: Prof. Dr. Mathias Kaserer.

   d) Die theol. Facultät in Olmütz: Prof. Dr. Johann Pánck.

   e) Die theologische Facultät in Graz: Prof. Dr. Franz Fraidl.

   f) Die theologische Facultät in Agram.

   g) Das Cistercienserstift Hohenfurth in Böhmen: Prof. Dr. Leo
      Schneedorfer.

   h) Das Benedictinerstift Seitenstetten in Nieder-Österreich.

   i) Das Chorherrenstift Herzogenburg in Nieder-Österreich: Frig-
      dian Schmolk, Bibliothekar.

   k) Das Chorherrenstift Klosterneuburg in Nieder-Österreich.

   l) Das Franziskanerkloster in Salzburg: P. Friedrich Raffl.

   m) Die anthropologisch-ethnographische Abtheilung des k. k.
      naturhistorischen Hof-Museums: Dr. Michael Haberlandt.

2. Allemagne.

   a) G. von der Gabelentz, Prof. au der Universität Leipzig.

   b) Deutscher Palästina-Verein: Prof. H. Guthe.

   c) Prof. Eisenlohr von der badischen Regierung.

   d) Th. Nöldeke, Prof. und J. Dümichen, Prof., Universität
      Strassburg.

   e) Baiern: Kuhn, Prof., München; Spiegel, Prof., Erlangen;
      Jolly, Prof., Würzburg.

   f) Der akademische orientalische Verein zu Berlin: S. Eppen-
      stein.

   g) Württemberg: Roth, R. v., Prof., und Socin Alb., Prof.,
      Universität Tübingen.

3. Amérique.

   Union Theological Seminary of New-York: Reverend Charles
   A. Briggs. D. D.

4. Chine.

    M. Tschong Kitong, Secrétaire de la délégation de Chine à Paris.

5. France.

    a) M. C. Schefer, membre de l'Institut.

    b) Ministère de l'instruction publique, des beaux arts et des cultes, représenté par: M. Emile Guimet, directeur du Musée National des religions, M. Léon de Milloué, conservateur du Musée National des religions.

    c) La Société académique indo-chinoise de France: M. de Croizier.

    d) Grandjean J. M., délégué de la ville de Lyon.

6. Grande Bretagne.

    a) Secretary of State for India: Dr. R. Rost.

    b) Society of the Biblical Archaeology in London: Arthur Cates and W. H. Rylands.

    c) Royal Asiatic Society of Great Britain and Ireland: Dr. R. Cust, C. Bendall Esq., Dr. Th. Duka, M. G. A. Grierson Esq., Prof. Terrien de Lacouperie.

    d) Royal Geographical Society: Dr. R. Cust.

    e) University College Aberystwith: Prof. Dr. H. Ethé.

    f) Palestine Exploration: Dr. Christian Ginsburg.

    g) Philological Society: Prof. Terrien de Lacouperie.

7. Grèce.

    Papageorgios Spyridion C., Dr., prof.

8. Inde britannique.

    a) Governement India: G. A. Grierson Esq., Dr. A. R. Hoernle.

    b) Asiatic Society of Bengal: Dr. R. Hoernle.

9. Italie.

    a) Giacomo Lignana prof. et Ignazio Guidi prof.

    b) La Congrégation des S. P. Mékhitaristes de St. Lazare à Venise: Le R. P. Carékin.

10. Pays-Bas.

    a) Dr. M. J. de Goeje, professeur à l'Université de Leide, Dr. C. P. Tiele, prof. à l'Université de Leide, et Dr. W. Pleyte, conservateur au Musée des Antiquités de Leide.

    b) l'Institut Royal pour les lettres, la géographie et l'ethnographie des Indes Néerlandaises: Mr. le Dr. G. Schlegel, Mr. le Dr. C. Snouck-Hurgronje.

c) Bataviaasch Genootschap van Kunsten en Wetenschappen.
11. Roumanie.
B. P. Hasdeu, prof.
12. Russe.
a) Société impériale archéologique russe: le baron Victor Rosen.
b) F. Knauer, Dr., prof. à l'Université de Kiew.
13. Suède et Norvège.
Le Comte Carlo Landberg et J. Lieblein, prof. à l'Université de Christiania.
14. Turquie: Égypte.
Chef de la délégation: Yacoub Pacha Artin. — Franz Pacha. — Membres: 1) Cheikh Hamza Fathalla, premier Inspecteur de l'enseignement de la langue arabe au Ministère de l'instruction publique; 2) Mahmoud Effendi Raschâd, Inspecteur et traducteur au même Ministère. — Adjoints: 3) Hefni Effendi, attaché au Parquet du tribunal d'Appel indigène; 4) Taha Effendi Moussa, Officier à l'École préparatoire.

I. Autriche-Hongrie.

Aïdyn, P. Arsenius, Dr., Generalabt der Mechitharisten-Congregation, Wien.
Arneth Alfred Ritt. v., Excellenz, Geh. Rath, Präsident der kais. Akademie der Wissenschaften, Wien.
Auer Joh., Dr., kais. Rath, k. k. Gymnasialprofessor i. P., II., Carmeliter-Pfarrhof 11, Wien.
Bach A., Freiherr v., Excellenz, Geh. Rath, k. k. Botschafter, Minister a. D. etc., II., Praterstrasse, Wien.
5 Bickell G., Dr., Prof. an der Universität, Landhausstrasse, Innsbruck.
Bloch J., Dr., Reichsraths-Abgeordneter, II., Obere Donaustrasse 65, Wien.
Bergmann E., Ritt. v., Dr., Custos der kunsthist. Sammlungen des Allerh. Kaiserhauses, Wien.
Brücke E., Ritt. v., Dr., k. k. Hofrath, Universitäts-Professor, Wien.
Bucher Bruno, k. k. Regierungsrath, Vicedirector des k. k. österr. Museums für Kunst und Industrie, Wien.
10 Büdinger Max, Dr., Prof. an der Universität, Wien.
Bühler Georg, Dr., Prof. an der Universität, Wien.
Burkhard C., Dr., k. k. Gymnasialdirector, I., Hegelgasse 3, Wien.

Cartcllicri W., Dr., VlII., Langegasse 52, Wien.

Chorherrenstift Klosterneuburg, Nieder-Österreich.

15 Dedekind A., Dr., Conservator am Orientalischen Museum, Wien.

Dvořak R., Dr., Universitäts-Docent, Prag.

Dzieduszycki, Graf, Jezupol, Galizien.

Ehrenfeld A., Dr., I., Schellinggasse 7, Wien.

Epstein A., I., Grillparzerstrasse 11, Wien.

20 Feigl H., Amanuensis an der k. k. Universitäts-Bibliothek, Wien.

Fleischl v. Marxow E., Dr., Prof. an der Universität, Wien.

Fleischl v. Marxow Frau Ida, I., Habsburgergasse 5, Wien.

Fraidl Fr., Dr., Prof. an der Universität, Graz.

Frasch Fr., stud. orient., IX., Alserstrasse 36, Wien.

25 Geyer R., Dr., Amanuensis an der k. k. Hofbibliothek, Wien.

Glaser E., Forschungsreisender, Prag.

Glaser K., Dr., Gymnasialprofessor, Triest.

Goldziher J., Dr., Budapest.

Göppert R., geistl. Director des Bezirksspitales Sechshaus bei Wien.

30 Graf Th., I., Gauermanngasse 2, Wien.

Grienberger R., Dr., I., Grünangergasse 1, Wien.

Gropper Josef, Dr. phil., Baden bei Wien.

Grüuert M., Dr., Prof. an der deutschen Universität, Prag.

Güdemann M., Dr., Rabbiner, II., Ferdinandsstrasse, Wien.

35 Haberlandt M., Dr., Custos-Assistent am k. k. naturhistorischen Hof-
museum, Wien.

Halberstamm S. J., Bielitz.

Hammer-Nemesbány Ant., Freib. v., Excellenz, k. k. wirkl. Geh.
Rath, emer. Hofdolmetsch für orientalische Sprachen, Hohe Warte
50, Döbling.

Hanusz J., Dr., Privat-Docent an der Universität, Wien.

Hein W., Dr., I., Zelinkagasse 13, Wien.

40 Heinzel R., Dr., Univ.-Prof., VII., Kirchengasse 3, Wien.

Heller Joh., Dr., Spiritual des theol. Convictes, Innsbruck.

Hintner V., Dr., Prof. am akadem. Gymnasium, Wien.

Hoffmann K. B., Dr., Prof. an der Universität, Graz.

Holzhausen sen., k. k. Hof- und Universitätsbuchdrucker, VII., Breitegasse 8, Wien.

45 Holzhausen jun., VII., Breitegasse 8, Wien.

Hönigl Dominik, Abt des Benedictiner-Stiftes Seitenstetten, Nieder-
Österreich.

Hultzsch E., Dr., Privatdocent an der Universität, Wien.
Hunfalvy P., Dr., Hofrath, Prof. an der Universität, Budapest.
Jehlitschka H., Zögling der k. und k. orient. Akademie, Wien.
50 Jülg B., Dr., Regierungsrath, Prof. an der Universität, Innsbruck.
Kámori S., Prof., Pressburg.
Kanyurszky G., Dr., Prof. an der Universität, Budapest.
Karabacek J., Dr., Prof. an der Universität, Wien.
Kaserer M., Dr., Prof., Salzburg.
55 Kirste J., Dr., Privat-Docent an der Universität, Wien.
Koller H., Zögling der k. und k. orient. Akademie, Wien.
Konegen C., Opernring, Wien.
Krall J., Dr., Privat-Docent an der Universität, Wien.
Kremer Alfred, Freih. v., k. k. Handelsminister a. D., Döbling bei
Wien.
60 Kremer-Auenrode H., Ritt. v., Dr., Univ.-Prof., Prag.
Krumbaar J., Ritt. v., Hofrath, Wien.
Kuczynski E., Ritt. v., k. k. Consul, Orient. Museum, Wien.
Kühnert F., Dr., Wien.
Lassota W., Ritt. v., Stanislau, Galizien.
65 Lotz W., Dr., Prof. an der evang.-theol. Facultät, Wien.
Ludwig A., Dr., Prof. an der Universität, Prag.
Luschin v. Ebengreuth, Dr., Prof. an der Universität, Graz.
Meringer R., Dr., Privat-Docent an der Universität, Wien.
Merle Béla, Zögling der k. und k. orient. Akademie, Wien.
70 Moser F., Abt des Stiftes St. Florian, Ober-Österreich.
Müller D. H., Dr., Prof. an der Universität, Wien.
Müller F., Dr., Prof. an der Universität, Wien.
Neumann W., Dr., Prof. an der Universität, Wien.
Oberziner L., Dr., VII., Burggasse 33, Wien.
75 Paulitschke Philipp, Dr., Prof. am k. k. Gymnasium zu Hernals bei
Wien.
Pekotsch L., Präfect der k. und k. orient. Akademie, k. k. Theresianum,
Wien.
Poliak J. E., Dr., Wien.
Probst F., stud. jur., Wien.
Raffl F., Dr., Lector der Theologie im Franziskanerkloster zu Salz-
burg.
80 Reinisch L., Dr., Prof. an der Universität, Wien.
Reinisch Frau Louise.

Rouillet Louis, Präfect an der k. und k. orient. Akademie, Theresianum, Wien.

Sax C., Ritt. v., k. und k. Sectionsrath, Wien.

Scala A. v., k. k. Sectionsrath, Director des Orient. Museums, Wien.

85 Schäffer J., Freih. v., ausserordentl. Gesandter und bevollmächtigter Minister, Wien.

Schenkl K., Dr., k. k. Hofrath, Prof. an der Universität, Wien.

Schipper J., Dr., Prof. an der Universität und Decan der philos. Facultät, Wien.

Schlechta-Wssehrd O. M., Freih. v., k. u. k. a. o. Gesandter und bevollmächtigter Minister, Hof-Dolmetsch f. d. orient. Sprachen, Wien.

Schmid Augustus, Oberst i. P., III., Metternichgasse, Wien.

90 Schmidt F., Freih. v., Oberbaurath und Dombaumeister, Wien.

Schmolk P., Frigdian, Bibliothekar des Stiftes Herzogenburg.

Schnabl Karl, Cooperator der Probsteikirche St. Salvator (Votivkirche), Wien.

Schneedorfer Leo, Dr., Prof. an der Universität, Prag.

Schram R., Dr., Privat-Docent an der Universität, Wien.

95 Schuchardt H., Dr., Universitätsprofessor, Graz.

Seligmann F. R., Dr., em. Universitätsprofessor, Wien.

Sieger R., Dr., Wien.

Sklenař J., Dr., Privat-Docent an der Universität, Wien.

Sokolowsky M., Dr., Prof., Krakau.

100 Stein M. A., Dr., Privat-Docent an der Universität, Budapest.

Straszewski, Ritt. v., Dr., Prof. an der Universität, Krakau.

Theologische Facultät, Agram.

Theologische Facultät, Olmütz.

Thumajan P. Joh., Dr., Generalsecretär der Mechitharisten-Congregation, Wien.

105 Tomaschek Wilh., Dr., Prof. an der Universität, Wien.

Ungar J. J., Dr., Rabbiner, Iglau.

Vámbéry H., Dr., Prof. an der Universität, Budapest.

Velics Anton, Dr., Üllöerstrasse 2, Budapest.

Vincenti C. v., Wien.

110 Wahrmund Dr. A., Prof. an der k. und k. orient. Akademie, Wien.

Walcher L., Ritter von Molthein, Dr., k. k. Ministerialrath, Generalconsul a. D., Wien.

Wessely Karl, Dr, Prof. am k. k. Gymnasium zu Hernals bei Wien.

Winternitz M., Dr., Wien.

Zhishman J., Ritt. v., Dr., k. k. Hofrath, Prof. an der Universität,
Wien.
115 Zimmermann R., Dr., k. k. Hofrath, Professor und Rector Magnificus
der k. k. Universität, Wien.
Zschokke H., Dr., k. k. Hofrath, Prof. an der Universität, Wien.

II. Allemagne.

Abel L., München.
Bezold C., Dr., Docent an der Universität, München.
Budde K., Dr., Prof. an der Universität, Bonn.
120 Cassel P., Dr., Prof. an der Universität, Berlin.
Delitzsch Friedr., Dr., Prof. an der Universität, Leipzig.
Dillmann A., Dr., Prof. an der Universität, Berlin.
Dümichen J., Dr., Prof. an der Universität, Strassburg.
Ebers G., Dr., Prof. an der Universität, Leipzig.
125 Eisenlohr, Dr., Prof. an der Universität, Heidelberg.
Euting J., Dr., Prof. an der Universität, Strassburg.
Fleischer H. L., Dr., Geh. Rath, Prof. an der Universität, Leipzig.
Fritze L., Dr., Cöpenick bei Berlin.
Gabelentz von der G., Dr., Prof. an der Universität, Leipzig.
130 Geiger W., Dr., Privat-Docent an der Universität, München.
Giessener Universitätsbibliothek.
Gildemeister J., Dr., Prof. an der Universität, Bonn.
Grill Ephorus, Dr., Maulbronn.
Grube W., Dr., Berlin.
135 Guthe H., Prof. an der Universität, Leipzig.
Hardy E., Dr., Privat-Docent an der Universität, Freiburg i. B.
Hillebrand, Dr., Prof. an der Universität, Breslau.
Hommel F., Dr., Prof. an der Universität, München.
Hübschmann H., Dr., Prof. an der Universität, Strassburg.
140 Jacobi H., Dr., Prof. an der Universität, Kiel.
Jeremias A., Dr., Grimmaischer Steinweg 10, Leipzig.
Jolly, Dr., Prof. an der Universität, Würzburg.
Karlowicz J., Dr., Dresden.
Kaulen, Dr., Prof. an der Universität, Bonn.
145 Kautzsch E., Dr., Prof. an der Universität, Tübingen.
Kielhorn F., Dr., Prof. an der Universität, Göttingen.
Klamroth, Dr., Harvestehude bei Hamburg.
Krehl L., Dr., Geh. Hofrath, Prof. an der Universität, Leipzig.

Kuhn E., Dr., Prof. an der Universität, München.
150 Lang C., Dr., Burtscheid, Aachen.
Lofmann S., Dr., Prof. an der Universität, Heidelberg.
Lehmann C. F., Dr., Poeseldorf, Hamburg.
Loumann E., Prof., Strassburg.
Lincke, Dr., Dresden.
155 Luschan v., Dr., Berlin.
Luschan v., Frau E., ebenda.
Merx A., Dr., Prof. an der Universität, Heidelberg.
Nöldeke Th., Dr., Prof. an der Universität, Strassburg.
Prym E., Dr., Prof. an der Universität, Bonn.
160 Roth R. v., Dr., Prof. an der Universität, Oberbibliothekar, Tübingen.
Rühl F., Dr., Prof. an der Universität, Königsberg.
Sachau E., Dr., Prof. an der Universität, Berlin.
Schnellenbach, Dr., Berlin.
Schrader E., Dr., Prof. an der Universität, Berlin.
165 Socin Alb., Dr., Prof. an der Universität, Tübingen.
Solf W., Dr., Assistent an der königlichen Universitätsbibliothek in
    Kiel.
Spiegel, Dr., Prof. an der Universität, Erlangen.
Stieda, Dr., Prof. an der Universität, Königsberg.
Strauss von Torney V., Excellenz, wirkl. Geh. Rath, Dresden.
170 Thorbecke H., Dr., Prof. an der Universität, Halle.
Vogelreuter F., Hamburg.
Weber A., Dr., Prof. an der Universität, Berlin.
Wiedemann A., Dr., Bonn.
Wilhelm E., Dr., Prof. an der Universität, Jena.
175 Windisch E., Dr., Prof. an der Universität, Leipzig.

III. Belgique.

Chauvin V., prof. à l'Université, Liège.
Delgeur L., Dr., Anvers.
Gheyn J. van den, Rév. Père S. J., prof. à l'Université, Lou-
    vain.
Forget J., prof. au Collége du Saint Esprit, Louvain.
180 Harlez C. de, Dr., prof. à l'Université, Louvain.
Lamy E. J., Dr., prof. à l'Université, Louvain.
Michel C., Dr., prof. à l'Université, Gand.

IV. Danemark.

Buhl, Dr., prof. à l'Université, Copenhague.
Lange H. O., à la bibliothèque royale, Copenhague.
185 Mehren A. F. v., Dr., prof. à l'Université, Copenhague.
Schmid V., Dr., prof. à l'Université, Copenhague.

V. Espagne.

Saarvedra Ed., 22 Valverde, Madrid.

VI. France.

Amiaud A., maître de conférences à l'École des Hautes Études, Paris.
Barbier de Meynard, prof., Paris.
190 Barth A., Paris.
Beauregard G. M. O., Paris.
Bellin Gaspard de, Magistrat, Lyon.
Bergaigne A., membre de l'Institut, prof. à la Faculté des lettres, Paris.
Bœll P., Paris.
195 Bonaparte Roland, le Prince, Paris.
Carrière A., prof. à l'École spéciale des langues orientales vivantes, Paris.
Clermont-Ganneau Ch., correspondant de l'Institut, Paris.
Cordier H., prof. à l'École des langues orientales vivantes, Paris.
Cordier Madame, Paris.
200 Croizier M. de, président de la Société Indo-Chinoise.
Darmesteter J., prof. au Collège de France, Paris.
Derenbourg H., prof. à l'École spéciale des langues orientales vivantes, Paris.
Drouin E., Paris.
Duchâteau Julien, Paris.
205 Duval R., Dr., Paris.
Feer L., à la Bibliothèque nationale, Paris.
Garrez G., Paris.
Grandjean J. M., élève de sanscrit à la Faculté des lettres, Lyon.
Groff W., Paris.
210 Guieysse P., maître de conférences à l'École des Hautes Études, Paris.
Guimet E., directeur du Musée Guimet, Lyon.
Halévy J., Paris.

Lambrecht E., secrétaire de l'Ecole des langues orientales vivantes, Paris.

Lancy Barré de, consul général, Paris.

215 Léger L., prof. au Collége de France, Paris.

Legrand J. A., Dr., Paris.

Lesouëf A., membre de la Société des Études japonaises, Paris.

Marre A., Paris.

Maspero G., membre de l'Institut, prof., Paris.

220 Milloué L. de, conservateur au Musée Guimet, Lyon.

Oppert J., Dr., membre de l'Institut, prof., Paris.

Preux J., secrétaire et bibliothécaire du comité de législation étrangère, Paris.

Revillout E., conservateur des Musées Nationaux, Paris.

Robiou F., prof. de littérature, Rennes.

225 Rochemonteix Marquis de, Paris.

Rodet Léon, Paris.

Rosny L. de, prof. à l'École spéciale des langues orientales vivantes, fondateur des Congrès des Orientalistes, Paris.

Saurin A., prof., Castellane.

Schefer Ch., membre de l'Institut, administrateur de l'École spéciale des langues orientales vivantes, Paris.

230 Schefer Ch., élève de l'École des langues orientales vivantes, Paris.

Senart E., membre de l'Institut, Paris.

Specht E., Paris.

Virey Ph., Paris.

Vogüé Marquis de, membre de l'Institut, Paris.

VII. Grande Bretagne.

235 Ball Revd. prof., C. J., London.

Baronian Revd. S., Armenian Vicarage, Manchester.

Bendall C., British Museum, London.

Budge E. A. W., British Museum, London.

Bullinger Revd., Dr. E., London.

240 Casartelli Dr., L. C., Manchester.

Cates Arthur, London.

Cates Madame A., London.

Clarke H., London.

Codrington Dr. O., London.

245 Cowell prof., E. B., Cambridge.
    Cust Dr. R., London.
    Cust Mrs., London.
    Cust Miss Anna Maria, London.
    Davidson Revd., prof., New College. Edinburgh.
250 Duka Th., Dr., London S. W.
    Edwards Miss Amélia B., Gloucestershire.
    Ellis A. G., British Museum, London W. C.
    Ethé prof., Dr. H., Univers. College of Wales, Aberystwith.
    Ethé Madame, Aberystwith.
255 Franks A. W., conservator, British Museum, London.
    Ginsburg Revd., Dr. C., London.
    Grimal de Guiraudon Th. Capt., London.
    Grote A., London.
    Gwynne Revd. R., London.
260 Hechler Revd. prof. W. H., I., Elisabethstrasse 14, Wien.
    Loewe L., Broadstairs, Kent.
    Macdonell Dr. A. A., Oxford.
    Millard Revd. E., British and Foreign Bible Society, Wien.
    Millard H. E., Wien.
265 Monier-Williams Sir Monier, Boden prof. of Sanscrit in the University of Oxford.
    Müller Max, prof., Dr., 7 Norham Gardens, Oxford.
    Neubauer Dr. Adolf, Oxford.
    Pilter W. F., Ewell, Surrey.
    Pinches Th. G., British Museum, London.
270 Platts J. T., Oxford.
    Rost Dr. R., Chief Librarian, India Office, London.
    Rylands W. H., Sec. Soc. Bibl. Arch., London.
    Sayce A. H., prof., Oxford.
    Schmid, Oberst, gegenwärtig in Wien, Metternichgasse 11.
275 Le Strange Guy, London.
    Strassmaier J. N., S. J., London.
    Temple Captain R. C., London.
    Terrien de Lacouperie, prof., London.
    Tomkins H. G., Weston super Mare.
280 Trübner & Co., London.
    Wright Dr. C. H. H., Dublin.
    Wright Prof. W., Cambridge.

VIII. Grèce.

Papageorgios Spyridion C., Dr., prof., Korfu.

IX. Italie.

Ascoli Graziadio, prof., Milano.
285 Bozzo Cav. Stef. Vitt., Palermo.
Cara César A. de S. J., Florence.
Carékin le rév. père, St. Lazare des Mékhitaristes, Venise.
Ciasca Agostino, Rev. P., Rome.
Colizza J., Dr., Mignano per Galluccio.
290 Dei Giunio, Dr., prof., Directeur du cabinet du ministre de l'instruc-
tion publique, Rome.
Fiaschi Tito R., prof. Istituto superiore, Florence.
Gay Th., Dr., Rome.
Guidi J., prof., Rome.
Kraus Alexander, Florence.
295 Lasinio Fausto, prof., Florence.
Lignana Commendatore, prof. du sanscrit, Rome.
Meucci F., direttore del museo degli strumenti antichi d'astronomia
e di fisica, Florence.
Modona Leonello Dr., sous-bibliothécaire de la bibliothèque royale
de Parme.
Perreau C. P., bibliothécaire de la bibliothèque royale, Parme.
300 Pullé F. le Comte, prof. du sanscrit, Padua.
Schiaparelli C., prof., Rome.
Schiaparelli E., Dr., Directeur du Musée Égypt., Florence.
Tarantini Giovanni, Prelato Domestico di S. S., Brindisi.
Tarantini G., Brindisi.
305 Teza E., prof. à l'Université, Pisa.
Turrini G., prof., Bologna.

X. Pays-Bas.

Arntz J., prof., Culembourg.
Bähler S. H. A., pasteur, église réf., Groningen.
Goeje M. J. de, Dr., prof. à l'Université, Leide.
310 Ham van den F. J., Groningen.
Hensbroek P. A. Boele van.

Houtsma M. Ts., Dr., bibliothécaire à l'Université, Leide.
Kuenen A., Dr., prof. à l'Université, Leide.
Land J. P. N., Dr., prof. à l'Université, Leide.
315 Leemans, directeur des musées, Leide.
Mortanges Pahud de, château Vechtoever Maarssen.
Oordt van A. P. M., Leide.
Oort H., Dr., prof. à l'Université, Leide.
Pleyte C. M., Musée d'ethnographie, Leide.
320 Pleyte W., Dr., conservateur, Leide.
Schlegel G., Dr., prof. à l'Université, Leide.
Schlegel Madame, Leide.
Schneider J. P. S., prof. à Delft.
Snouck-Hurgronje Chr., Dr., Leide.
325 Speijer J. S., Dr., Amsterdam.
Stoppelaar F. de, Leide.
Tiele C. P., Dr., prof. à l'Université, Leide.
Weijelnik E., Dr., Oudeschoot.
Wildeboer G., Dr., prof. à l'Université, Groningen.

XI. Portugal.

330 Vasconcellos Abreu, G. de, Prof., Lisboa.

XII. Roumanie.

Hasdeu Ch. P., prof., Bukarest.

XIII. Russie.

Bersohn M., Archäolog, Warschau.
Bibliothek, kais. öffentl., Petersburg.
Bibliothek der kais. Universität, Petersburg.
335 Bondi J. H., Dr., Bobroisk, Gouvernement Minsk.
Bonnell E., Cons. d'état, bibliothécaire de la Bibliothèque impériale. St. Petersburg.
Chwolson D. A., Ex. Cons. d'état, prof. à l'Université, St. Petersburg.
Courtenay, Baudoin de, Prof., Dorpat.
Dillon E. v., Dr., prof. à l'Université, Charkow.
340 Donner O., prof., Helsingfors.
Ezoff v., Cons. d'état, St. Petersburg.

Golenischeff W. S., prof., St. Petersburg.

Gottwald J., Cons. d'état, directeur de la typographie de l'Université, Kasan.

Harkavy A., Dr., bibliothécaire à la Bibliothèque impériale, St. Petersburg.

345 Hirschband A., Dr., Warschau.

Knauer F., Dr., prof. à l'Université, Kiew.

Krellenberg Madame N. v., St. Petersburg.

Lamanski W., Dr., prof. à l'Université, St. Petersburg.

Lebedjeff Madame O., Excellence, Kasan.

350 Minajeff J., prof. à l'Université, St. Petersburg.

Nicolson W., St. Petersburg.

Patkanoff Cons. d'état, Dr. prof. à l'Université, St. Petersburg.

Przezdziecki Constantin le Comte, Warschau.

Riabinin M., Charkow.

355 Rosen V. Baron v., Dr., prof. à l'Université, St. Petersburg.

Salemann C., bibliothécaire à la Bibliothèque impériale, St. Petersburg.

Schroeder Leop. v., Dr., Dorpat.

Smirnof W., Dr., prof. à l'Université, St. Petersburg.

Société Archéologique à St. Petersburg.

360 Strandmann E., Dr., prof. à l'Université, Helsingfors.

Tiesenhausen V. v., Cons. d'état, St. Petersburg.

Wassiljeff W., Dr., prof. à l'Université, St. Petersburg.

XIV. Suède et Norvége.

Landberg Carlo, le Comte, Château Tutzing ou Stuttgart.

Landberg Madame, la Comtesse, Château Tutzing ou Stuttgart.

365 Lieblein J.. Dr., prof. à l'Université, Christiania.

Lieblein S., étudiant à l'Université, Christiania.

Piehl Karl, Dr., prof. à l'Université, Upsala.

Steinnordh J., Dr., Linköping.

Tegnér Es., prof., Lund.

XV. Suisse.

370 Baumgartner A., Genève.

Berchem Max de, Dr., Château de Crans, Canton de Vaud.

Gautier L., Dr., prof., Lausanne.

Kaegi A., Dr., prof. à l'Université, Zürich.

Müller E., Dr., Bern.
375 Naville E., Malagny près de Genève.

XVI. Turquie.

Devgantz S. D. S., Van (Arménie).
Ebuzzia Ahmed Tefwik, Constantinople.
Fraschery Ch. Samy-Bey, Constantinople.
Mordtmann J. H., Dr., dragoman de l'Ambassade allemande, Constantinople.

XVII. Afrique.

380 Artin Pacha, Sous-secrétaire d'État au ministère de l'instruction publique, Caire.
Basset René, prof. d'arabe à l'École supérieure des lettres, Alger.
Franz Pacha, Caire.
Hefni Effendi, attaché au Parquet du Tribunal d'Appel indigène.
Rachad Mahmoud Effendi, inspecteur et traducteur au Ministère de l'instruction publique, Caire.
385 Scheikh Fathalla Hamza, premier inspecteur de l'enseignement de la langue arabe au Ministère de l'instruction publique, Caire.
Spiro J., Dr., prof. au Collége Sadiki, Tunis.
Taha Effendi Moussa, Officier à l'École préparatoire, Caire.
Vollers, Dr., directeur de la Bibliothèque Khédiviale, Caire.

XVIII. Amérique.

Briggs C. A. D. D., New-York.
390 Brown F., professor Union Theological Seminary, New-York.
Haupt P., Dr., prof. Johns Hopkins University, Baltimore.
Hayes Ward William, Rev. New-York.
Leland C. G., New-York.
O'Conor Revd. John F. X., S. J. Woodstock College, Woodstock, United States.
395 Peters John P., Philadelphia.
Smith, S. A., student at the University of Leipzig.
Thatcher O. J., New-York.
Whitehouse C., New-York.
Whitney W. D., prof. Yale College, New Haven, Mass. U. S.

2*

XIX. Asie.

400 Baumgartner C., Batavia.

Bhagvânlâl Indrâji, Dr., Walkeshwar, Bombay.

Bhândârkar R. G., Dr., prof. Deccan College, Puna.

Constable Archibald, Lucknow.

Coudsi Elie A., au Consulat des Pays-Bas, Damas.

405 Dvivedi Man. N., professor Samaldas College, Bhaunagar.

Frankfurter O., Dr., Bangkok, Siam.

Führer A. A., Dr., Curator of the Provincial Museum, Lucknow.

Gerson da Cunha J., Dr., Bombay.

Grierson G. A., India.

410 Hammeed Ullah M., India.

Hoernle R., Dr., Principal Mudressa, Calcutta.

Inoujé T., Dr. ès belles lettres, Japan.

Kâthavâte Abaje V., professor Gujerat College, Ahmedabad.

Leitner G. W., Dr., principal Government College, Lahore.

415 Leitner Mrs., Lahore.

Leitner Mr., Lahore.

Lorange R., Dr., Beirut.

Macauliffe M., B. C. S., India.

Minocheherjî Dastur Jamaspjî M. A., Ph. Dr., Bombay.

420 Nyâyaratna Maheshchandra, C. I. E., Principal Sanscrit College, Calcutta.

Rice Lewis, C. I. E., India.

Tagore, Rajah Sir Mohun Sourindro Mus. Doct. F. R. S. L., M. R. A. S., Pathuriaghata Rajbati, Calcutta.

Torio, Vicomte, Général à la délégation du Japon.

Tscheng Kitong, Secrétaire de la délégation de la Chine à Paris.

Allgemeine Bestimmungen.

1. Die officiellen Sprachen des Congresses sind: deutsch, französisch, englisch und italienisch. Demungeachtet kann man sich auch des Lateinischen bedienen.

Das Comité behält sich vor, von Fall zu Fall über die Zulassung von Abhandlungen in einer orientalischen Sprache zu den Acten des Congresses zu entscheiden.

2. Es werden zwei allgemeine Sitzungen stattfinden: eine Eröffnungs- und eine Schluss-Sitzung (27. September und 2. October).

3. Der Congress wird sich in fünf Sectionen theilen, deren erste aus zwei Unterabtheilungen besteht:

    I. Semitische Section.

    a) Arabisch und Literatur des Islam.

    b) Die übrigen semitischen Sprachen, Keilschriften u. s. w.

    II. Arische Section.

    III. Afrikanisch-Egyptische Section.

    IV. Mittel- und Ostasiatische Section.

    V. Malaisch-Polynesische Section.

4. Jede Section wählt aus ihrer Mitte einen Präsidenten, zwei Vice-Präsidenten und zwei Secretäre. Wenn eine Section nur 15 Mitglieder zählt, wird das Bureau aus einem Präsidenten, einem Vice-Präsidenten und einem Secretär bestehen.

5. Jede Section bestimmt ihre Tagesordnung.

6. Die Secretäre der Sectionen haben die Verpflichtung, an jenen Tagen, an welchen die Sectionen Sitzungen abgehalten haben, einen Auszug der Verhandlungen und die Tagesordnung der nächsten Sitzung dem Bureau des Congresses zu übergeben und zwar so rechtzeitig, dass der ‚Congress-Anzeiger' noch am selben Abend gedruckt und am Morgen des nächsten Tages unter die Mitglieder vertheilt werden kann.

Alle Mitglieder, welche dem Congress wissenschaftliche Mittheilungen vorlegen, werden ersucht, denselben einen kurzen Auszug beizuschliessen.

7. Das Organisations-Comité übernimmt die Veröffentlichung der Verhandlungen des Congresses. Es bestimmt, ob und in welcher

Ausdehnung die dem Congresse oder den Sectionen gemachten Mittheilungen, sowie die überreichten Abhandlungen in die Verhandlungen des Congresses aufzunehmen sind.

8. Behufs rascher Versendung der Verhandlungen des Congresses, sowie behufs Vermeidung von Irrthümern werden die Mitglieder gebeten, ihre genaue Adresse in der Kanzlei des Congresses zu hinterlegen und sofort bei der Ankunft in Wien ihre Karten daselbst behufs Eintragung in das Verzeichniss der anwesenden Mitglieder abzugeben.

9. Die dem Congresse überreichten Bücher und Druckwerke werden in das Eigenthum der Universität übergehen.

10. Jedes Mitglied, welches in der Eröffnungssitzung das Wort zu ergreifen wünscht, wird ersucht, sich in die in der Kanzlei aufliegende Rednerliste einzuschreiben und gleichzeitig den Gegenstand seiner Ansprache bekannt zu geben.

Die Sitzungen des Congresses finden im neuen Universitätsgebäude statt, wo die Congresskanzlei in den Räumen des Orientalischen Institutes sich befindet.

Am 26. September Abends findet eine gesellige Vereinigung statt. Der Ort ist in der Kanzlei des Congresses zu erfahren.

Zur Beihilfe für die Geschäfte der Congresskanzlei stehen dem Organisations-Comité zur Seite die Herren: Cartellieri, Dedekind, Geyer, Gropper, Hein, Holzhausen jun., Jehlitschka, Kirste, Meringer, Merle, Probst, Sieger und Winternitz, von denen Herr Dedekind die Leitung der Kanzlei in Händen hat.

Mittheilung.

Die feierliche Eröffnungssitzung des Congresses wird am 27. September 1886 um 10½ Uhr Vormittags im grossen Festsaale der Universität (I., Franzensring 5) stattfinden.

Programm der Sitzungen.

Montag, 27. September. Um 10½ Uhr: Eröffnungssitzung. Ueberreichung der Geschenke. Hierauf Eröffnung der arabischen

(I^a), semitischen (I^b), arischen (II), afrikanisch-ägyptischen Section (III) und der vereinigten IV. und V. Section. Nachmittags von 2—4 Uhr: Sitzungen der semitischen (I^b) und arischen Section (II).

Dinstag, 28. September. Von $9^1/_2$ Uhr bis Mittag: Sitzungen sämmtlicher Sectionen.

Mittwoch, 29. September. Von $9^1/_2$—$11^1/_2$ Uhr: Sitzungen der semitischen (I^b), arischen (II), afrikanisch-ägyptischen (III) und der vereinigten IV. und V. Section.

Donnerstag, 30. September. Von $9^1/_2$—$12^1/_2$ Uhr: Sitzungen der semitischen (I^a), arischen (II) und der vereinigten IV. und V. Section.

Freitag, 1. October. Von $9^1/_2$—12 Uhr: Sitzungen der semitischen (I^b) und arischen (II) Section.

Samstag, 2. October. Von $9^1/_2$—11 Uhr: Sitzungen der semitischen (I^a), arischen (II) und ägyptisch-afrikanischen (III) Section. Von 1—2 Uhr Schlusssitzung des Congresses.

Programm der Festlichkeiten.

Sonntag, 26. September. Abends: Gesellige Vereinigung im Grand Hôtel.

Montag, 27. September. Soirée bei Sr. Excellenz dem Herrn Minister für Cultus und Unterricht um 9 Uhr.

Mittwoch, 29. September. 3 Uhr Nachmittags: Besichtigung des Rathhauses. Abends: Soirée bei Sr. k. k. Hoheit dem durchlauchtigsten Herrn Erzherzog Rainer.

Donnerstag, 30. September. Um 6 Uhr Abends: Festmahl im Grand Hôtel.

Freitag, 1. October. Nachmittags: Gemeinschaftlicher Ausflug auf den Kahlenberg mit dem Dampfschiff und der Zahnradbahn.

Im Professorenzimmer der philosophischen Facultät wird eine reichhaltige Ausstellung mustergiltiger Druckwerke vom k. k. Hof- und Universitätsbuchdrucker A. Holzhausen, ferner eine von der Bibelgesellschaft aufgestellte Sammlung von Bibeln in allen Sprachen zur Besichtigung freistehen, sowie in der k. k. Hofbibliothek eine Collection seltener orientalischer Drucke und Manuscripte.

Die Museen Wiens sind den Congressmitgliedern täglich geöffnet.

Liste der bis Beginn des Congresses angemeldeten Vorträge.

Name	Gegenstand	Section
Ball C. J., London	The formal element in Hebrew Lyric	I[b]
Beauregard G. M. O., Paris	Étude égyptienne	III
Bendall C., London	Exhibition of an Indian manuscript with arrowhead characters, of some corresponding inscriptions and of some squeezes of inscriptions from Mewar and notes thereon	II
Bezold, München	Prolegomena zu einer assyrischen Grammatik	I[b]
Bhândârkar R. G., Puna	Principal results of my last two years studies in Sanskrit manuscripts and literature, with particular reference to the sacrificial ritual and the Pancharâtra system	II
Bickell, Innsbruck	Ueber Qalîlag und Damnag	I[b]
Bonaparte Roland Prince, Paris	Sur la linguistique de la Nouvelle Guinée	V
Bonnell E., St. Petersburg	Ueber die Verwandtschaft der ältesten Bevölkerung Vorderasiens mit den Iberern Spaniens	I[b]
Cartellieri W., Wien	Ueber Subandhu und Bâṇa	II
Chwolson D. A., St. Petersburg	Ueber die nordöstlich von Kokand (Fergana) gefundenen syrisch-nestorianischen Grabschriften	I[b]
Cust R., London	Unsere gegenwärtige Kenntniss der Sprachen Oceaniens	V

Name	Gegenstand	Section
Delitzsch Fr., Leipzig	Ueber die sumerische Frage	I b
Devgantz S. D. S., Van	Sur les antiquités et la langue provinciale de Van	I b
Dillon E., St. Petersburg	Ueber die Heimat und das Alter des Zendavesta	II
Eisenlohr A., Heidelberg	Altägyptische Gerichtsverhandlungen über Diebstähle in Königsgräbern	III
Ethé H. Aberystwith	Ueber Firdousis Yusûf und Zalîkhâ	I a
Edwards A. B., Gloucestershire	Vortrag über Egyptologie	III
Feer M. L., Paris	Sur l'étymologie, l'histoire et l'orthographie du mot Tibet	IV
Feigl H., Wien	Die Determination in den semitischen Sprachen	I b
Führer A., Lucknow	Archaeological notes on Sahet-Mahet, the old Srâvastî	II
Ginsburg C. D., London	On a newly discovered fragment of the Jerusalem Targum on Isaiah	I b
Glaser E., Prag	Seit 1882 in Arabien gemachte Reisen mit besonderer Berücksichtigung der epigraphischen Resultate	I a
Glaser K., Triest	Ueber die altindischen Bezeichnungen für die Edelsteine	II
Grierson G., India	Ueber Hindî-Dichter, insbesonders Tulsidas	II
Grünert M. Prag	Die Allitteration im Altarabischen	I a

Name	Gegenstand	Section
Guimet M., Lyon	Vestiges des anciens Dravidiens	II
Halévy J., Paris	1° L'accadisme et les inscriptions archaïques de la Babylonie 2° La langue des Hittites	I^b
Hanusz J., Wien	Beiträge zur armenischen Dialectologie	11
Harlez B. C. de, Louvain	Ueber ein chinesisches Thema	IV
Hasdeu C. P., Bukarest	Sur les éléments turcs en roumain	IV
Hechler W. H., Wien	Versuch einer vergleichenden graphischen Darstellung der biblischen, assyrischen, babylonischen etc. Geschichte	I^b
Hefny E., Kairo	Ueber die in Aegypten üblichen volksthümlichen Dialecte	I^a
Hein W., Wien	Omar des Zweiten Finanzpolitik	I^a
Heller J., Innsbruck	Ueber die syrisch-chinesische Inschrift von Sigan-fu (Nestorianische Tafel	I^b
Hoernle R., Indien	Vorlegung einiger alten Manuscripte, Umschrift, Uebersetzung und Erklärung des Bakhali-Manuscriptes	II
Hommel Fr., München	Ueber den arabischen Barlaam und Josaphat	I^a
Hunfalvy P., Budapest	Wo mag sich die rumänische Sprache gebildet haben?	II
Bhagvânlâl Indrâji, Bombay	Two Chalukya inscriptions from Gujarat	11
Jacobi, Kiel	Ueber den Jainismus und die Verehrung Krischna's	II

Name	Gegenstand	Section
Kamori S., Pressburg	Ueber die Grundprincipien der Vergleichung der arischen, semitischen und altaisch-iranischen Sprachen	IV
Karabacek J., Wien	Paläographische Ergebnisse aus den arabischen Papyrus Erzherzog Rainer	I[a]
Krall J., Wien	Ueber Ψονθομφανήχ (I Mos. 41, 45), den egyptischen Namen Josephs	III
Kremer A. v., Wien	Ueber das Budget der Jahreseinnahmen unter Harun Rasîd nach einer neu aufgefundenen amtlichen Urkunde	I[a]
Kuhn E., München	Die Verwandtschaftsverhältnisse der indischen Dialecte in Hindukusch	II
Lacouperie T. de, London	On the languages of China before the Chinese	IV
Lassota W. v., Stanislau	Ueber die natürlichen Ursachen des Culturstillstandes in den alten morgenländischen Staaten	I[a]
Leland C. G., London	On the origin of the Gipsies	II
Lieblein J., Christiania	Eine Pun-phönikische Handelscolonie in Egypten	III
Lignana, Rom	I Navagvâḥ e i Daśagvâḥ del Ṛigveda	II
Marre A., Paris	Vocabulaire suahili, malgache et malais, donnant la clef des langues de l'Afrique orientale, de Madagascar et de la Malaisie	V
Milloué L. de, Lyon	Étude sur le mythe de Vrishabha, le premier Tîrthaṁkara des Jainas	II
Mordtmann J. H., Constantinopel	Die Ueberlieferung der arabischen Autoren über die neu-himyarischen Dialecte	I[b]

Name	Gegenstand	Section
Müller D. H., Wien	Zur Geschichte der semitischen Zischlaute	I b
Müller E., Bern	Ueber Ursprung und Verwandtschaftsverhältnisse des Singalesischen	II
Papageorgios S., Korfu	Ueber die Kutzovalachen von Epirus und Thessalien und ihre Sprachen	II
Rachâd Efendi, Kairo	Ueber das Unterrichtswesen in Aegypten von der arabischen Eroberung an bis auf die Gegenwart	I a
Smith S. A., Leipzig	Ueber einige unveröffentlichte Texte Assurbanipals	I b
Stein M. A., Wien	Hindu Kusch and Pâmir in early Iranian geography	II
Straszewski, Krakau	Ueber die Entwicklung der philosophischen Ideen bei den Indern und Chinesen	II
Strassmaier J. N., London	Ueber einige Inschriften des Königs Nabonidus	I b
Tomkins G. G., Weston super Mare	On the Karbanit mentioned by Assurbanipal	I b
Vambéry H., Budapest	Zwei moderne central-asiatische Dichter	IV
Whitehouse C., London	On the Semitic traditions, relating to the Fayoum districts	III
Winternitz M., Wien	Ueber die Srâddhas und den Todtencult bei den Indogermanen	II

Liste der Mitglieder, welche am Congress theilnahmen.

Abel	Dvořak
Aïdyn Arsenius	Edwards
Arneth, Ritter von, Exc.	Ehrenfeld 40
Artin Jacoub Pacha	Eisenlohr
5 Auer	Epstein
Bach, Freiherr von, Exc.	Ethé
Ball	Euting
Beauregard	Fathalla Hamza 45
Bendall	Fcer
10 Berchem	Feigl
Bergmann, Ritter von	Fleischl von Marxow E.
Bezold	Fleischl von Marxow, Frau Ida
Bhandarkar	Fraidl 50
Bickell	Franz Pacha
15 Bloch	Frasch
Bondi	Fritze
Briggs	Gabelentz, von der
Brücke	Gay 55
Bucher	Geiger
20 Büdinger	Geyer
Buhl	Ginsburg
Bühler	Glaser E.
Bullinger	Glaser K. 60
Burkhard	Goeje
25 Cartellieri	Goldziher
Chwolson	Göppert
Codrington	Graf
Colizza	Grandjean 65
Cordier	Grienberger
30 Cust R.	Grierson
Cust, Mrs.	Grill
Cust, Miss	Grimal de Guiraudon
Dedekind	Gropper 70
Dei	Grünert
35 Derenbourg	Güdemann
Dümichen	Guidi
Duka	Guimet

75	Guthe	Konegen
	Haberlandt	Krall
	Halberstamm	Kremer A., Freiherr von 115
	Ham van der	Kremer-Auenrode, Ritter von
	Hameed Ullah	Krumhaar, Ritter von
80	Hammer-Nemesbány, Freih. von,	Kuczynski, Ritter von
	Exc.	Kuhn
	Hanusz	Kühnert 120
	Hasdeu	Lacouperie
	Hefni Effendi	Lambrecht
	Hein	Landberg C., le comte
85	Heller	Landberg, Mme la comtesse
	Hintner	Leland 125
	Hirschband	Lesouëf
	Hoernle	Leumann
	Hoffmann	Lieblein sen.
90	Holzhausen sen.	Lieblein jun.
	Holzhausen jun.	Lignana 130
	Hommel	Lincke
	Hönigl Dominik	Lorange
	Hübschmann	Lotz
95	Hultzsch	Ludwig
	Hunfalvy	Luschan 135
	Inovyé	Luschin
	Jacobi	Macauliffe
	Jehlitschka	Macdonell
100	Jeremias	Meringer
	Jolly	Merle 140
	Kaegi	Meucci
	Kámori	Michel
	Karabacek	Millard
105	Karlowicz	Milloué
	Kaserer	Müller D. H. 145
	Kautzsch	Müller Eduard
	Kielhorn	Müller F.
	Kirste	Naville
110	Klamroth	Neubauer
	Knauer	Neumann 150
	Koller	Nöldeke

Unser Mitglied, Dr. Jülg, Professor an der Universität Innsbruck, gründlicher Kenner der central-asiatischen Sprachen, namentlich des Mongolischen und Kalmückischen, wurde zu unserem grössten Bedauern durch einen plötzlichen Tod (14. August 1886) der Wissenschaft und seinen Freunden entrissen.

Die Eröffnungssitzung des Congresses.

Die feierliche Eröffnungssitzung des Congresses fand am Montag den 27. September 1886 um $10^{1}/_{2}$ Uhr Vormittags durch den Protector, Se. k. und k. Hoheit, den durchlauchtigsten Herrn Erzherzog Rainer in dem Festsaale der neuen k. k. Universität statt.

Der Saal war mit exotischen Pflanzen geschmückt, welche vom k. k. Obersthofmeisteramte beigestellt worden waren. Auch haben die kostbaren, zum Theil sehr alten Teppiche des Herrn Theodor Graf zur Ausschmückung des Saales in hohem Masse beigetragen.

Vor der Rednertribüne befand sich der Tisch des Präsidiums. In der Mitte nahm Se. k. und k. Hoheit Erzherzog Rainer Platz. An seiner Rechten sass der k. k. Minister für Cultus und Unterricht, an seiner Linken der Präsident des Congresses Alfred Freiherr von Kremer, k. k. Minister a. D. Die übrigen Herren des engeren Comités schlossen sich den Vorgenannten rechts und links an. Vor dem Tische des Bureaus befanden sich zunächst die Plätze der Ehrengäste, der Ehrenmitglieder und Delegirten, woran sich die übrigen Mitglieder des Congresses reihten.

Der Herr Erzherzog eröffnete den Congress mit folgender Ansprache, welche von der Versammlung stehend angehört wurde:

Meine Herren Congressmitglieder!

Mit lebhafter Befriedigung begrüsse ich die hier versammelten Mitglieder des siebenten internationalen Orientalisten-Congresses. Die wissenschaftlichen Studien, welchen Sie sich widmen und welche Ihnen so viel zu verdanken haben, begegnen in dieser Residenz, die mit dem Orient seit alter Zeit in regen Beziehungen steht, der allseitigen Werthschätzung und Anerkennung, und gerne folge ich mit voller Aufmerksamkeit deren weiterer Entwicklung.

Möge auch dieser Congress, wie die vorhergegangenen, einen bleibenden Fortschritt bezeichnen, Ihnen zum Ruhme, der Wissenschaft zur erfreulichen Bereicherung. Dies ist der aufrichtige Wunsch, mit dem ich Ihre Arbeiten begleite. Ich erkläre den Congress hiemit für eröffnet.

Der Ehrenpräsident, Se. Excellenz Herr Dr. P. Gautsch von Frankenthurn, Minister für Cultus und Unterricht, begrüsste den Congress im Namen der Regierung und hielt nachstehende Rede:

Sehr geehrte Herren!

Der Beschluss, welchen Sie im Jahre 1883 zu Leyden fassten, den siebenten internationalen Orientalisten-Congress in Wien abzuhalten, hat die k. k. Regierung mit lebhafter Genugthuung erfüllt, und ich freue mich, heute die Ehre zu haben, eine so glänzende Versammlung hervorragender Vertreter der Wissenschaft namens der k. k. Regierung zu begrüssen.

Gewiss nicht mit Unrecht haben Sie, meine verehrten Herren, die Kaiserstadt an der Donau als den Ort Ihrer diesjährigen wissenschaftlichen Vereinigung gewählt. Knüpfen doch Lage und Geschichte hier in gleichem Masse an den Orient an, und finden Sie doch hier vielerlei, das speciell Ihr Interesse fesseln dürfte.

Während in anderen Staaten Erweiterung der Handelsbeziehungen und Colonisation die Erforschung des Orients und das Studium desselben anregten oder die Anfänge dessen, was wir orientalische Studien im eigentlichen Sinne nennen, auf dem Gebiete des Bibelstudiums wahrzunehmen sind und so im Laufe der Jahrhunderte jene wissenschaftlichen Resultate erreicht wurden, die unsere aufrichtige Bewunderung ebenso verdienen, wie sie uns als unerreichte Vorbilder zum Nachstreben aneifern, suchte Oesterreich in erster Linie dem praktisch-politischen Bedürfnisse Genüge zu thun.

So entstand bei der Internuntiatur in Constantinopel das ,Sprachknaben-Institut‘, an dessen Stelle die grosse Kaiserin Maria Theresia unmittelbar nach der Activirung der geheimen Haus-, Hof- und Staatskanzlei infolge Vortrages des Ministers Fürsten Wenzel Anton v. Kaunitz die ,Akademie für morgenländische Sprachen‘ in Wien setzte, welche im Jahre 1754 eröffnet wurde.

Wohl wurde schon zwei Jahrhunderte früher, im Jahre 1555, zu Wien die erste syrische Grammatik, welche auf deutschem Boden erschien, gedruckt, deren Verfasser Johann Albert Widmanstad die Berufung des Wilhelmus Postellus aus Paris erwirkte, und hatte

Franz Mesynien v. Meninski in der Zeit von 1680 bis 1690 zu
Wien seinen Thesaurus linguarum orientalium zusammengetragen,
aber eine feste Stätte fand das Studium der orientalischen Sprachen
erst in der neu gegründeten kaiserlichen Anstalt, die wir noch heute
als Orientalische Akademie kennen. Diese Anstalt war es, welche zur
Feier ihres 50jährigen Bestandes eine neue Ausgabe von Meninski's
grossem arabisch - persisch - türkischen Wörterbuche unternahm und
glücklich vollendete.

Zahlreiche und hervorragende Schüler bildete die Orientalische
Akademie, unter diesen auch Gelehrte ruhmvollen Angedenkens! Hier
sei blos der Name des Freiherrn Joseph v. Hammer-Purgstall genannt, der neben seiner Geschichte des osmanischen Reiches und
anderen zahlreichen trefflichen Werken auch der Herausgeber der
ersten und einzigen österreichischen orientalischen Zeitschrift, der
,Fundgruben des Orientes', war.

Wenn durch jene Institution, die zunächst für die Bedürfnisse
des öffentlichen Dienstes bestimmt war, die orientalischen Studien
aufmerksame Pflege und reiche Förderung erhielten, so blieben die
österreichischen Universitäten, insbesondere seit dem Jahre 1850,
auf diesem Gebiete nicht zurück, ja gerade von Oesterreich aus ist
in jüngerer Zeit eine Richtung eingeschlagen worden, die durch das
Erfassen der herrschenden Ideen des Islam zu einem klaren Gesammt-
Ueberblicke seiner Cultur-Erscheinungen zu gelangen bestrebt ist.

Eine ganze Reihe tüchtiger Männer, deren Namen Sie, meine
verehrten Herren, kennen, ringt bei uns mit Ihnen — nicht um die
Palme des Erfolges — sondern um den Ehrentitel eines berufenen
Mitarbeiters auf dem weiten Gebiete der Wissenschaft.

Sehr geehrte Herren! Gross und schwierig sind die Aufgaben,
die Sie sich gesetzt, reich aber auch die Fülle von Arbeit, die bereits gethan. Gerade Ihre internationale Vereinigung wird Ihnen
selbst und allen denjenigen, welche der Geschichte der Entwicklung
der Wissenschaften in ihren grossen Zügen folgen, die sichere Ge-
währ der weiteren Förderung der orientalischen Studien bieten. Die
wissenschaftlichen Leistungen des menschlichen Geistes sind ja das
Gemeingut aller Völker; auf diesem Austausche der geistigen Güter
beruht die Entwicklung der Wissenschaft, aber auch die Entwicklung
der Menschheit.

Mögen die Arbeiten des siebenten internationalen Orientalisten-
Congresses vom besten Erfolge begleitet sein!

Der Präsident A. Freiherr v. Kremer, k. k. Minister a. D., bestieg hierauf die Tribüne und hielt folgenden Vortrag:

Messieurs et Mesdames,

Avant tout nous avons à remplir un devoir qui nous est bien cher : c'est celui d'exprimer à Son Altesse Impériale et Royale Monseigneur l'Archiduc Rénier toute notre gratitude pour l'extrême bienveillance qu'il nous a témoignée en daignant accepter le protectorat de ce Congrès.

Sans cet appui qui jamais ne nous a fait défaut, le Comité organisateur n'eût pu mener à aussi bonne fin la tâche que vous lui avez imposée lorsqu'à Leide, il y a trois ans, vous avez fait un accueil si sympathique à la proposition de choisir Vienne pour siège du VIIe Congrès des orientalistes.

Nous tenons également à dire au Gouvernement Impérial et Royal combien nous lui savons gré d'avoir bien voulu nous seconder, puisque nous lui devons d'être à même de vous recevoir, Messieurs, d'une manière à la fois digne de vous et de Vienne.

Nous nous estimons heureux et nous apprécions hautement l'honneur de voir un nombre si considérable de savants orientalistes réunis ici, dans la capitale de cet empire, aux bords du Danube, de ce fleuve qui forme une si importante voie de communication entre l'Occident et l'Orient.

Cette grande rivière n'est-elle pas l'image du cours de votre science?

Source chétive à son origine, elle grossit peu à peu pour devenir bientôt une puissante artère unissant les contrées les plus éloignées, un vrai bien commun à tous dont tous profitent et auquel chacun contribue du sien.

Car il est bien certain que dans la grande foire des nations chaque peuple, et quelquefois même la fraction la plus étrangère à notre civilisation, apporte toujours son denier d'épargne d'anciennes idées et de traditions originales qui, découvertes et étudiées, peuvent fournir à la science des éléments précieux.

La civilisation considérée dans son ensemble n'est pas l'œuvre d'un seul peuple; elle est le fruit de l'échange paisible des idées, aussi bien que des marchandises, échange qui, il est vrai, ne se fait trop souvent qu'après des luttes violentes.

Si des navigateurs phéniciens, marchands et pirates en même temps, n'eussent fondé leurs colonies; s'ils n'avaient pas étendu leurs

3*

courses de tout côté, emportant avec eux et propageant leur alphabet, cette première grande invention d'une philologie encore inconsciente, quels détours aurait dû faire la civilisation, combien de temps aurait été perdu, avant de trouver le moyen de fixer le langage par l'écriture et de conserver la tradition?

Et plus tard, cette éblouissante civilisation de l'empire romain, comment aurait-elle pu relier si intimement l'Asie et l'Europe, si les guerres d'Alexandre le Grand n'avaient pas aplani par les armes tous les obstacles, unissant ainsi les peuples par la force du vainqueur?

Il y eut alors un immense échange de nouveaux éléments et d'idées, comparable seulement à ce qui se passe dans notre siècle et sous nos yeux, un échange sur la plus grande échelle et dans tout le domaine intellectuel et matériel.

Or, les événements accomplis en Orient depuis les deux derniers siècles, si nous les embrassons d'un coup d'œil dans leur ensemble, nous font l'impression d'une nouvelle édition revue, corrigée et considérablement augmentée des campagnes du grand général macédonien.

D'abord l'Orient fut soumis par la supériorité des armes européennes et il dut subir l'influence de la civilisation occidentale; de vastes contrées furent placées sous la domination européenne et où cela ne fut pas le cas, les nations de l'Europe et de l'Amérique exercent une grande influence matérielle et morale plus grande encore.

Partout les mœurs et les langues de l'Europe avancent, menacent la civilisation indigène et s'imposent avec une suffisance pas toujours assez justifiée.

Des malaises, des irritations de la part des plus faibles sont inévitables en pareil cas, puisque tout peuple aime ses antiques croyances, les rêves de son enfance, et les basses classes, plus encore que la société élevée, sont partout sous ce rapport éminemment conservatrices. Rien d'étonnant donc si de temps en temps le dépit des masses et même des colères populaires se déclarent; car malheureusement les Orientaux ne nous connaissent pas assez, et l'Europe ne les comprend encore qu'imparfaitement.

Mais nous sommes en bon chemin de nous apprécier mieux. Ce but sera atteint au fur et à mesure que nous pourrons mieux nous rendre compte du génie oriental, et que l'Orient s'habituera mieux à notre tour d'esprit, à notre manière d'envisager le monde, à nos méthodes d'études savantes.

Or, c'est précisément dans cet ordre d'idées que vos travaux ont une importance dont, à l'heure qu'il est, toute l'étendue et les derniers résultats se laissent à peine entrevoir.

Jetons un coup d'œil sur le passé pour nous faire une idée de l'avenir.

Oubliées depuis l'antiquité, les écritures sacrées des anciens Égyptiens nous ont été traduites, nous lisons les inscriptions de leurs temples, des palais de leurs rois, de leurs tombeaux et même leurs correspondances officielles et privées, comme aussi leurs livres d'école et leur littérature populaire et amusante.

Nous sommes à même de tracer l'origine d'idées, des doctrines et de coutumes en vigueur, il y a trois mille ans, dans la vallée du Nil, et dont les dernières vibrations se font sentir encore de nos jours.

Les inscriptions cunéiformes nous ont été interprétées, nous lisons les édits des glorieux Achéménides, ainsi que des antiques rois de Babylone et de Ninive; nous avons retrouvé même leurs résidences royales et nous pouvons contrôler, avec des documents contemporains ou antérieurs à lui, Hérodote, le père de l'histoire hellénique et orientale.

Presqu'en même temps un nouvel essor se manifesta dans l'étude des langues sémitiques. La critique des textes bibliques éclaira toujours mieux l'antiquité hébraïque et les origines du christianisme.

Des découvertes importantes dans le domaine de l'archéologie sémitique encourageaient toujours davantage les recherches.

Des dialectes bibliques on ne tarda pas à passer aux autres langues de l'Asie, et un grand pas en avant fut fait.

Tandis que jusque là nos regards ne franchissaient pas les étroites limites du monde gréco-romain, on commença dès lors à étudier l'Orient ancien et moderne; on ne s'occupa plus exclusivement des mythologies de la Grèce et de Rome, mais on approfondit aussi les systèmes religieux et philosophiques de l'Égypte, de la Perse, de l'Inde et de la Chine, ainsi que les grandioses conceptions des anciens Sémites. Et en même temps s'effacèrent sous le coup des découvertes successives des orientalistes, et presque sans résistance, les anciennes théories erronées; Hérodote qu'on avait discrédité auparavant, comme peu critique, eut son éclatante réhabilitation.

La linguistique, l'histoire, l'archéologie et l'ethnographie trouvèrent un vaste champ ouvert à leurs recherches.

L'étude du sanscrit qu'on commença vers la fin du siècle passé, fournit la preuve de la proche affinité des langues que nous appelons ariennes ou indo-européennes. Par ce fait on ne gagna pas seulement des aperçus tout nouveaux, mais cette découverte eut une portée pour ainsi dire universelle, parce qu'elle démontra clairement l'origine commune de tous les peuples appartenant à cette race; on acquit la conviction que malgré les grandes distances qui séparent leurs sièges actuels, malgré leurs civilisations si diverses, ils sont tous issus d'une même souche.

Au fur et à mesure que la connaissance de ce fait se répandit parmi ces peuples, l'effet s'en produisit et contribua beaucoup à atténuer les préjugés.

Dans l'Inde cette influence salutaire se fait décidément sentir et favorise le goût de l'étude des langues européennes et notamment de l'anglais.

Mais faisant abstraction du côté pratique, l'étude du sanscrit eut une portée scientifique beaucoup plus grande encore. On mit en lumière une littérature des plus anciennes et des plus fécondes de l'Asie, où se trouvait enfoui le travail intellectuel de nombreuses générations de profonds penseurs, d'esprits philosophiques, de moralistes élevés, et d'une vraie poésie populaire.

Les anciens dialectes furent tour à tour l'objet d'études et l'attention se dirigea bientôt sur les autres langues de l'Inde, en partie modernes.

On ne négligea pas de s'occuper également de l'Asie centrale et de l'Extrême-Orient.

Le chinois, si difficile que dans le siècle passé encore, à l'exception de quelques missionnaires, aucun savant européen ne le comprit, fut l'objet de travaux sérieux et nous introduisit dans un milieu politique et social dont les traditions écrites datent des temps les plus reculés. On eut alors connaissance d'une riche littérature qui, déjà depuis le X⁰ siècle, se servait de l'imprimerie.

Sa valeur et son importance sont rehaussées encore par le fait qu'une nation de quatre cents millions, pleine de force et de vie, la soutient.

Les études japonaises, des langues de l'Asie centrale, du mandchou, du mongol, des vieux dialectes turcs et finalement celles sur le tibétain, si important pour la connaissance du buddhisme, sont loin d'être épuisées et laissent prévoir encore de riches moissons.

D'autre part les langues africaines, remontant en partie à une haute antiquité, attirent de plus en plus l'attention des linguistes.

Et ici, cette esquisse rapide a déjà dépassé les limites de l'Orient antique dont les portes sont gardées par deux immuables sentinelles : l'Égyptien et le Chinois, représentant les deux races les plus anciennes, dont l'une appartient depuis longtemps au passé, tandis que l'autre vit parmi nous en toute plénitude de force.

Traversons maintenant les halles du moyen âge asiatique où l'Arabe, le Persan et le Turc sont de garde : trois nations qui, d'abord par leurs luttes, plus tard par leur union et finalement par leurs nouvelles rivalités, ont exercé une influence capitale sur le sort de l'Orient moderne.

Nous abordons cette période qu'on peut appeler celle du moyen âge de l'Orient, qui seulement depuis peu commence à céder la place à l'âge moderne.

Tous les pays où règne l'islamisme y appartiennent. Ici les influences réciproques de l'Occident chrétien et de l'Orient musulman se font voir d'une manière bien différente et plus saillante.

D'abord les guerres de Byzance et des califes multiplièrent les contacts, hostiles le plus souvent.

Mais entre-temps, par des ambassades et par des commerçants, des rapports s'établirent. La curiosité aussi bien que la science en profitèrent. Les Arabes contentèrent toutes les deux, en faisant traduire par des chrétiens syriens ou grecs les œuvres de l'antiquité classique, et par des Persans ou Indiens convertis les restes des littératures de la Perse et de l'Inde.

Avec l'époque des grandes conquêtes arabes, les rapports s'accrurent rapidement, et lorsque, en Espagne aussi bien qu'en Sicile, la civilisation arabe eut atteint son plus grand éclat, son prestige prit une force irrésistible dans tout l'Occident, plongé dans une profonde ignorance.

Les magnifiques vêtements des grands seigneurs d'alors furent importés des fabriques arabes, comme vous le prouve le manteau de couronnement des Empereurs d'Allemagne (pallium imperiale), avec ses inscriptions arabes brodées en or, que vous pouvez admirer ici au Trésor impérial.[1])

Un nombre considérable de termes techniques d'arts et métiers, de marine et de commerce empruntés à l'arabe et admis dans nos langues, témoigne de l'intensité des rapports d'alors.

[1]) Bock, Die Kleinodien des heiligen römischen Reiches deutscher Nation. Wien, 1864. S. 29—31.

Avec les guerres en Espagne et les croisades les relations devenaient toujours plus fréquentes.

Nos ancêtres ne rapportaient pas seulement de leurs guerres en Orient les habitudes de luxe, mais aussi bien des choses d'utilité générale. Ainsi une ancienne tradition populaire de la Basse-Autriche se rattachant aux ruines pittoresques d'un vieux manoir féodal appelé Merkenstein et situé près de Baden, à quelques heures d'ici, nous raconte qu'un des seigneurs de ce château, le Chevalier de Marquardstein (Merkenstein), fut le premier qui rapporta du Levant le safran, plante dont le nom tout arabe *(za'farân)* indique clairement sa provenance, et qui, au moyen âge, était fort recherchée à raison de ses propriétés tinctoriales aussi bien que pour son odeur et son arome particulier.[1])

On attribue au même Chevalier de Marquardstein deux marronniers sauvages qu'on pouvait voir encore, il y a peu d'années, près de son château. C'est à Merkenstein aussi qu'aurait été planté le premier noisetier de Turquie, par un comte Rubigallus (Rothenhahn).

Il serait facile de multiplier ces exemples, mais il suffit de dire que les idées, les modes et les goûts de l'Orient, ses arts et métiers même pénétraient alors de tout côté en Europe.

Bientôt l'arabe devint l'objet de travaux savants, et plus tard, avec le réveil des études classiques et bibliques, cette tendance s'accentua de plus en plus.

Le persan et le turc firent leur entrée plus tard. La prépondérance de ces deux langues correspond à une époque plus récente de la vie littéraire et politique de l'Orient musulman. Ce n'est qu'avec la décadence de l'élément arabe que le persan et ensuite le turc s'imposent, développant peu à peu leur propre type national.

---

[1]) Geschichte der Wiener-Stadt und der Vorstädte, von M. Bermann. Wien, 1866. S. 234. — Badener Bote, Organ für Communal-Interessen, Neuigkeiten und Unterhaltung, 14. October 1877, Nr. 42 : Eines der schönsten Ziele der Ausflüge in die nahe Umgebung ist die Ruine Merkenstein. Dieselbe entstand im XII. Jahrhundert und wurde von dem ritterlichen Geschlechte der Marquardstein erbaut. Dieses glänzte zur Zeit der Babenberger als eines der reichsten und edelsten; es zog, treu seinen Markgrafen, in alle Fehden und Schlachten zu Hilfe und focht unter deren Banner in den Kreuzzügen. Da war es, wo Ritter Walther von Marquardstein sein Vaterland mit einer überaus nützlichen Pflanze versah : er brachte nämlich den Safran nach Oesterreich.

L'Orient avait dû subir de grands bouleversements politiques et aux états arabes du Levant, épuisés et désorganisés, l'élément persan et turc s'était substitué partout.

La naissance d'un puissant empire ottoman fit immédiatement sentir ses conséquences; en place de petits royaumes on vit surgir tout-à-coup, armée de pied en cap, une puissance forte et unie, au début irrésistible, pour ainsi dire, parce qu'elle eut à sa disposition une armée régulière qui était plus forte et mieux organisée que celle des puissances européennes.

Les États héréditaires de la Maison d'Autriche et les possessions de la République de Venise étaient exposés en première ligne aux aggressions turques. Elles eurent pour conséquence l'occupation de la plus grande partie de la Hongrie, pendant plus d'un siècle et demi, et l'assaut de Vienne, deux fois entrepris par les armées ottomanes.

L'impression que ces événements firent sur les habitants de Vienne, fut tellement forte que, jusqu'à présent, le souvenir de ces terribles journées ne s'est pas effacé.

Ici, à cette place même où s'élève la nouvelle Université, on s'est battu avec le dernier acharnement.

Les collines qui séparent la ville du Kahlenberg au nord, et où l'artillerie turque avait établi des batteries, portent toujours encore le nom de ,Türkenschanze'; et tout près de là, au village de Sievering, on voit encore devant une maison de paysan trois énormes boulets de pierre restés là depuis le siège en 1683, comme nous l'apprend une inscription contemporaine.

L'étude du turc, pour la connaissance duquel le persan est indispensable, fut donc d'une nécessité évidente. Bientôt la cour impériale entra en rapports diplomatiques avec les sultans ottomans; on échangea des ambassades et un internonce impérial prit son siège à Constantinople. Le Gouvernement impérial eut besoin d'interprètes capables et fidèles. C'est dans ce but que la grande Impératrice Marie Thérèse institua l'Académie orientale (1754). Cet établissement a fourni à l'État un nombre considérable de fonctionnaires distingués, en même temps qu'il rendait des services notables à la connaissance de l'Orient, de ses peuples et de leurs langues. Des publications de textes turcs, des livres élémentaires et d'autres écrits témoignent du zèle et de l'érudition des auteurs, tous élèves de l'Académie orientale. L',Histoire de l'Empire ottoman' en est le monument le plus important.

Le persan ne fut pas négligé, comme le prouvent des éditions de textes en cette langue.

C'est alors que la première impulsion fut donnée à ce culte des ouvrages poétiques de la Perse qui a eu sa part d'influence sur la littérature allemande en général.

Ces études nous ont valu la reproduction de tant d'admirables fleurs du parnasse de la Perse, et les traditions de cette belle école ne sont pas éteintes chez nous. C'est ici, que les poésies de Djami, de Djelal ed-din Roumi, de Hafiz, d'Ibn Yémîn et de Saadî trouvèrent tour à tour des interprètes dont on ne sait ce qu'il faut admirer le plus : l'élégance du langage et le bon goût ou la fidélité.

D'autres entreprises littéraires fort utiles à la connaissance de l'Orient sortirent d'ici, comme les ‚Mines de l'Orient‘, premier recueil international; puis une revue beaucoup plus vaste, mais vouant une attention spéciale aux littératures de l'Orient, savoir : les ‚Wiener Jahrbücher der Litteratur‘ qui pendant assez longtemps occupèrent le premier rang parmi les publications de ce genre.

C'est ainsi que l'étude de l'Orient trouva à Vienne un culte dévoué et intelligent.

Je crains avoir déjà abusé de votre attention, Messieurs, mais je tiens à faire voir que, par son passé glorieux, Vienne est bien digne de vous recevoir dans ses murs. Je vous demande donc la permission, avant de finir, de grouper encore un petit nombre de faits peu connus, mais fort caractéristiques pour le rôle de Vienne et de l'Autriche-Hongrie comme intermédiaires entre l'Occident et l'Orient.

Certes la position géographique y fut pour beaucoup, pourtant aussi l'activité des hommes d'État et des diplomates se combina heureusement avec le travail silencieux mais infatigable des savants, des commerçants et des voyageurs lesquels rapportaient de l'Orient à leur patrie maints présents précieux qui font encore nos délices.

Ce fut Vienne qui la première reçut de Constantinople, dans la seconde moitié du XVI⁰ siècle, le marronnier sauvage (*Aesculus hippocastanus L.).*[1] Cet arbre facile à acclimater devint bientôt la gloire du *Prater* et se répandit en peu de temps sur toute l'Europe. Vienne reçut également par la voie de Constantinople le laurier-cerise observé par le savant voyageur et botaniste Pierre Belon, pour la pre-

---

[1] Hehn, Kulturpflanzen und Hausthiere, 2. Auflage. Berlin, 1874. S. 345. — The life and the letters of Ogier Ghiselin de Busbecq, by Th. Thornton Forster and Blackburne Daniell. London, 1881, 2 voll. I, p. 415, note 1.

mière fois, vers la fin du XVIe siècle, à Trébizonde, d'où cet arbuste fut introduit à Vienne par les soins de Clusius,[1] tandis que l'odorante *Acacia farnesiana* dont le nom italien : *gaggia di Costantinopoli* indique la provenance, nous a été donnée par l'entremise de l'Italie.[2] A la cour de Constantinople il régna durant un certain temps une vraie passion pour l'horticulture et les fleurs, et grâce à elle encore d'autres plantes furent introduites à Vienne, parmi lesquelles il convient de nommer en premier lieu la tulipe qui fut, pour quelque temps, dans la capitale ottomane, l'objet d'une véritable manie florale.[3]

L'envoyé de Ferdinand Ier, alors roi des Romains, le savant Flamand Ogier Ghiselin de Busbecq fut le premier qui apporta la tulipe à Vienne d'où cette fleur fit bien vite le tour de l'Europe.[4] Le même nous fit cadeau du lilas *(Syringa vulgaris)*, arbuste qui depuis lors est devenu familier à nos jardins.

Mais toute une série de fleurs et de plantes décoratives sont dues aux rapports avec la Turquie, comme le *Hybiscus syriacus* aux fleurs rivales de la rose; l'hyacinthe orientale *(Hyacinthus orientalis)*, remarquable par son odeur aromatique, originaire de Bagdad et d'Alep, d'où elle passa à Venise; la fritillaire *(Fritillaria imperialis, Kaiserkrone)*, originaire de la Perse, dont les Européens firent la connaissance dans les magnifiques jardins de Constantinople; la renoncule *(Ranunculus asiaticus)*, fleur de prédilection de Mohammed IV, qu'il fit chercher en toutes ses variétés dans les provinces de son immense empire pour les réunir dans les jardins de sa résidence.[5]

Pas aussi gracieux mais plus utiles sont quelques autres emprunts faits à l'Orient. La race porcine nommée en Hongrie *mongolitza* ou *mangalitza* semble être, comme le nom l'indique, de provenance asiatique; de même que le blé sarrazin, appelé également boucail ou bouquette (du flamand *boekwyt*), *Heidenkorn* en allemand, espèce de blé qui fut introduit, à ce qu'il paraît, par les tribus turques ou mongoles dans les contrées de la Mer Noire, d'où il parvint par la voie

---

[1] Charles de l'Écluse, né à Arras en Belgique en 1526, mort à Leide en 1609.

[2] Hehn, p. 447.

[3] Hammer, Geschichte des osmanischen Reiches.

[4] The life and the letters of Ogier Ghiselin de Busbecq, by Ch. Thornton Forster etc. Vol. I, p. 61, note 1.

[5] Hehn, p. 446. The life of Ogier Ghiselin de Busbecq, by Ch. Thornton etc. Vol. I, p. 3.

de mer à Venise et à Anvers, tandis que de l'autre côté il remonta le cours du Danube, comme le prouve son nom hongrois : *tatárka.*

En ce qui concerne le maïs (*Zea mais L.*) on se demande s'il est un don de l'Extrême-Occident, du nouveau monde, fait à l'Europe et à l'Orient, ou s'il nous vient de l'Asie.

Ce qu'il y a de positif c'est que les Vénitiens ont été les premiers à le cultiver en Europe, et qu'ils se firent les intermédiaires de sa propagation. Mais la Hongrie ainsi que la Basse-Autriche ont reçu le maïs de l'Orient par la voie du Danube comme le prouve le nom de *Kukuruiz,* en usage dans le patois allemand de la Basse-Autriche, en slave et en hongrois *kukoritza;* quant au nom turc *misir boghdaï* il fait voir que les Turcs tenaient cette plante de l'étranger.

En Suisse, en Tyrol, en Carinthie et en Styrie on la nomme *Türken* ou *Türkenkorn* et c'est de Venise que le maïs est venu dans ces pays. Mais, dans le Tyrol méridional, il y a parmi les paysans allemands de la vallée de l'Adige une tradition bien curieuse d'après laquelle l'introduction du maïs serait le fait de l'empereur Joseph II.

D'après la légende tyrolienne ce grand souverain, aussi réformateur que philanthrope, voulait doter son pays d'une nouvelle plante nourricière : le maïs qui jusqu'alors ne se trouvait qu'en Turquie. Dans ce but il fit un arrangement avec le Grand-Seigneur dont il obtint un boisseau de maïs en échange d'une mesure égale de glands que le Sultan voulait semer dans son pays, qui, supposait-on, ne possédait pas de chênes.[1])

---

[1]) Aus dem deutschen Südtirol. Mythen, Sagen, Legenden, Schwänke u. s. w. des Volkes an der deutschen Sprachgrenze; gesammelt von A. Menghin. Meran, 1884, S. 95, 96 : Kaiser Josef II. und der Sultan. Kaiser Josef II. wollte eine neue Culturpflanze in seinem Reiche einführen, nämlich den bisher nur in der Türkei wachsenden Türken (Mais). Er trat desshalb mit dem türkischen Sultan in Unterhandlung wegen Samen dieser Pflanze. Der Sultan verlangte dafür einige Staar Eicheln ebenfalls zum Samen. In der Türkei gab es eben keine Eichelbäume. Kaiser Josef war damit einverstanden, mochte aber nicht gerne haben, dass die Türken Eichelbäume hätten. Er sann desshalb auf Mittel, die Anpflanzung der Eicheln in der Türkei zu verhindern. Da fiel ihm ein : wie wär's, wenn du die Eicheln sieden liessest? — Der Türke kennt das ja nicht, ob die Eicheln roh sind und also keimen oder gesotten.

Dem geschah auch so und der Sultan war der Betrogene, während Oesterreich um eine ausgezeichnete Culturpflanze reicher wurde.

Als nun Kaiser Josef einmal bei einem Pater zur Beichte ging und diesem beichtete, dass er den Sultan so betrogen habe, sagte der Beichtvater

Tous les échanges ne furent pas aussi féconds en bons résultats; il suffit de rappeler ici les armes à feu et la poudre.[1])

Plus heureux et plus satisfaisants pour les deux parties furent les rapports littéraires et scientifiques.

Lorsque l'imprimerie fut introduite en Orient elle rencontra une forte opposition de la part des Ulémas. Le premier livre imprimé en arabe sortit de la presse du patriarchat grec d'Alep en 1706, et à Constantinople l'imprimerie commença à fonctionner onze ans plus tard sous la direction d'un Hongrois nommé Ibrahym, mais jamais elle n'eut sur les masses la même influence qu'en Occident. Il fallait beaucoup de temps pour que les Orientaux s'habituassent aux livres imprimés. Avec méfiance et une pieuse indignation les savants musulmans regardèrent d'abord les livres sortis des presses européennes, et beaucoup de temps s'écoula avant qu'une disposition des esprits plus favorable prît le dessus. Mais on finit par s'accoutumer à cette innovation.

Nous nous abstenons d'entrer dans les détails de cette lente révolution des opinions, mais il est incontestable que depuis peu l'Orient savant commence à rivaliser avec l'Europe en ce qui concerne l'édition des anciens textes, l'étude de l'archéologie, de l'histoire et des belles-lettres; abstraction faite des livres traduits des langues européennes, on constate partout une grande activité littéraire.

Je me limite ici à quelques notices choisies au hasard.

Un haut fonctionnaire ottoman écrit l'histoire moderne de son pays en se basant sur des recherches faites aux archives; un autre pacha, numismate passionné, est l'auteur d'une étude savante sur les médailles des rois perses. Un docte égyptien, décédé l'année passée, a publié un savant mémoire sur les poids et mesures arabes; un prince

weiter nichts, aber er dachte sich, das werde ich dem Sultan mittheilen und mir auf diese Weise ein gutes Stück Geld verdienen.

Der Sultan, von dem schlauen Betrug in Kenntniss gesetzt, ward wuthentbrannt darüber und kündigte Josef II. den Krieg an, der für den Kaiser bekanntlich nicht gut ausfiel.

Der Kaiser war ob dieses verrätherischen Mönchs so aufgebracht, dass er sofort alle jene Klöster aufheben liess, welche sich nicht über eine bestimmte gemeinnützige Beschäftigung ausweisen konnten. (Unterland.)

[1]) Bientôt l'artillerie turque devint formidable par son gros calibre. Au siège de Constantinople un Hongrois, nommé Orban, fondit par ordre du Sultan Mohammed II une pièce de siège d'une grosseur extraordinaire et dont le premier coup coula à fond un navire vénitien.

persan, partisan fervent de l'idée nationale, par conséquent puriste zélé, faisant une guerre à outrance à chaque mot arabe, a fait imprimer ici, il y a quelques années, une histoire des dynasties de la Perse ancienne, dans laquelle il s'appuie aussi sur la numismatique parthe et sassanide.

A Constantinople, à Smyrne, à Beyrouth se publient des textes, des journaux, des revues et les villes de l'intérieur même qui, par leur position géographique, semblent moins aptes à participer au mouvement littéraire, ne demeurent pas en arrière.

Au Caire les imprimeries travaillent depuis des années; on édite des ouvrages originaux, des textes classiques et on réimprime même des éditions européennes (Ibn alatîr). Les indigènes commencent également à écrire en langues étrangères. Récemment encore un prince égyptien publia en anglais un ouvrage bibliographique sur la littérature de l'Égypte et du Soudan.

Aux Indes l'intérêt avec lequel les indigènes suivent les travaux européens sur ces pays est des plus vifs.

Toujours plus nombreux deviennent les cas où des savants indiens, musulmans ou Hindous, se servent de l'idiome anglais et publient des écrits en cette langue. Il n'est pas rare de voir des indigènes se rendre en Angleterre pour suivre les cours des universités de Cambridge ou d'Oxford.

Le zèle avec lequel le Japon se rallie aux idées européennes est bien connu; il y a dix ans à peine que deux prêtres buddhistes du Japon bravèrent les fatigues et les dangers d'un long voyage pour se rendre en Angleterre, dans le but d'étudier le sanscrit à Oxford et de perfectionner leur connaissance des livres sacrés du buddhisme. Et au Japon les publications en langues européennes ne manquent pas.

La Chine même, si longtemps fermée aux étrangers et séparée du monde occidental, entre courageusement en lice pour prendre part aux travaux des orientalistes, contribuant ainsi puissamment à rapprocher les nations, à atténuer leurs répugnances et à adoucir leurs préjugés réciproques.

Un diplomate chinois fit insérer, il y a peu de temps, dans une grande revue allemande, un travail aussi intéressant qu'instructif sur la littérature de son pays. Peu après un officier supérieur de l'armée chinoise écrivit en français sur sa patrie et ses compatriotes un livre aussi spirituel qu'attrayant, auquel il fit suivre un volume contenant une étude remarquable sur le théâtre chinois.

C'est ainsi qu'un échange d'idées toujours plus libre s'établit entre les nations, un rapprochement toujours plus intime entre des civilisations diverses, et cet échange est une affaire de bon aloi, car personne n'y perd et tout le monde y gagne.

Les orientalistes peuvent-ils en revendiquer le mérite principal?

Je n'oserais l'affirmer : les négociants, les médecins, les missionnaires, aussi bien que les diplomates et les militaires y ont leur part; chacun y a contribué à sa manière, soit avec douceur et persuasion, soit avec force et commandement. Mais ce qui est incontestable c'est que sans vous on n'aurait pu enregister des résultats aussi satisfaisants. Et si les représentants des études classiques et des sciences exactes, avec un orgueil bien légitime, réclament pour eux l'honneur des grands progrès de l'instruction générale, les orientalistes aussi peuvent dire qu'ils ont fait beaucoup pour l'émancipation intellectuelle des peuples de l'Orient.

Voici donc le programme le plus élevé de vos travaux futurs précisé : faire sortir des enceintes de nos bibliothèques, de nos Académies, de nos Universités l'esprit de la recherche et de l'investigation impartiales, d'une saine critique, l'amour de la vérité et du progrès, pour les répandre parmi les peuples de l'Orient auxquels nous rendrons ainsi ce que nous leur devons.

Dans cette pensée les Congrès internationaux des orientalistes ont à remplir une tâche intéressante; les représentants des divers peuples de l'Orient y sont assis, comme collaborateurs et collègues, aux côtés des savants de l'Europe; ici les questions ardues, les problèmes difficiles se discutent; les opinions différentes sont débattues; c'est ici encore qu'on plante les jalons des travaux futurs.

De cette façon les anciennes préventions s'évanouissent; on apprend à se connaître comme membres d'une seule grande famille, et celle-ci s'appelle l'humanité.

C'est sous l'empire de ces convictions et de ces espérances que je forme le vœu bien sincère que cette assemblée soit de bon augure pour le progrès heureux de vos travaux et de la science en général; que les semences que vous jetez germent et grandissent pour donner un jour des récoltes opulentes.

Hierauf ertheilte der Präsident dem Bürgermeister der Reichshaupt- und Residenzstadt Wien, Herrn Eduard Uhl das Wort und begrüsste derselbe den Congress wie folgt:

Im Namen der Reichshaupt- und Residenzstadt Wien habe ich
die Ehre, Sie, meine hochgeehrten Herren, willkommen zu heissen.

Wir sind hocherfreut, einen Kreis so hervorragender Gelehrter
in unseren Mauern zu beherbergen und bringen Ihnen die wärmsten
Sympathien entgegen, weil wir die Bedeutung Ihrer Studien für die
historische Forschung sowie für die Hebung des internationalen Ver-
kehrs in vollstem Masse würdigen.

Mögen Sie sich in unserer Mitte recht wohl und behaglich
fühlen und versichert sein, dass wir Ihren Berathungen aus vollstem
Herzen den besten Erfolg wünschen.

Seien Sie nochmals herzlichst willkommen.

Graf Landberg, Delegirter von Schweden und Norwegen, ergriff
das Wort:

Messieurs et Mesdames,

S. M. le Roi de Suède et de Norvége, Oscar II, mon Auguste
Maître a accueilli avec plaisir la demande que vous Lui avez adressée
de daigner accepter d'être membre honoraire de ce Congrès. Sa Majesté a bien voulu me charger d'exprimer ici même Ses remercîments
de cette aimable attention de votre part. Sa Majesté porte le plus
vif intérêt aux études orientales, la vraie source de toute histoire,
de toute civilisation, et Elle fait les vœux les plus sincères pour que
ces études continuent à prospérer, et particulièrement pour que les
délibérations de cette docte assemblée soient couronnées de succès.

Après ce royal message, permettez-moi, Messieurs, d'ajouter
quelques mots de ma part. La Maison royale de Suède et de Norvége ressemble à l'Auguste Maison des Habsbourg en ceci que les
sciences et les lettres y ont fixé leur demeure; elles y sont cultivées
et favorisées d'une façon toute individuelle et spéciale. Notre Roi,
auteur distingué et orateur hors ligne, a approfondi les annales des
siècles passés. Savant piocheur dans son cabinet de travail, gracieux
poëte lorsqu'il pince sa lyre dont il sait tirer les plus harmonieux
accords, il est toujours l'appui et le conseil de celui qui cherche,
qui pousse en avant. Il a bien voulu nous accorder la haute protection, et dans le message que j'ai eu l'honneur de Vous apporter
il y a l'expression d'une âme noble, remplie de sentiments dévoués
à notre œuvre, à nos aspirations.

Der Präsident erwiderte folgendermassen:

Je remercie M. le Comte Landberg pour les paroles qu'il vient de prononcer et je le prie de vouloir bien être auprès de S. M. le Roi de Suède et de Norvége l'interprète de nos sentiments les plus respectueux et de remercier au nom du Congrès S. M. pour l'honneur insigne qu'il a daigné nous faire en permettant que son nom soit inscrit sur la liste des membres honoraires.

Se. Excellenz Yacoub Artin Pacha erhielt hierauf das Wort und sprach wie folgt:

Altesse Impériale et Royale, Monseigneur,

Permettez-moi, au nom de l'Égypte, de remercier Votre Altesse Impériale et Royale de l'honneur qu'Elle nous a fait de nous convoquer à ce Congrès.

Son Altesse le Khédive, mon Auguste Maître, qui a daigné nous charger de représenter l'Égypte dans le sein de cette docte assemblée, a tenu à honneur de s'inscrire Lui-même parmi les membres honoraires de ce Congrès, preuve éclatante de l'intérêt qu'il porte au développement des études orientales.

Messieurs,

Les travaux multiples qui ont été entrepris par les savants orientalistes de tous les pays de l'Europe, ont eu une part considérable dans le mouvement de renaissance qu'on peut constater en Égypte et dans l'antique mosquée de l'Azhar. Ce mouvement s'est accentué surtout, depuis la vigoureuse impulsion donnée à l'instruction en Égypte par le grand Méhémet Aly.

De nombreux matériaux inédits attendent encore le travail des orientalistes arabisants, pour les étudier, les commenter, et les classer avec méthode.

A mesure que chacun, en Occident comme en Orient, apportera à cette œuvre l'appoint de son travail, les origines, le développement et les transformations de la magnifique civilisation arabe pourront être étudiés plus à fond et être plus parfaitement connus.

Alors, Messieurs, les barrières que l'ignorance des siècles passés avait élevées de part et d'autre entre les civilisations orientale et occidentale, disparaîtront, et tous ensemble, occidentaux et orientaux, nous pourrons travailler dans le même sens et vers le même but à notre commune civilisation.

Chaque peuple a son génie, dont le développement et les créations profitent tôt ou tard à la race humaine tout entière.

Le fanatisme est une phase de ce développement; mais par son acuité même, il est remplacé, après un temps plus ou moins long, par la réflexion, l'étude et la critique. Plus tard, la méthode synthétisant les résultats de ces travaux divers, les fait tous concourir au bien-être et au progrès de races et de peuples qui, jusqu'alors, paraissaient être entièrement dissemblables et même irréconciliables par leur génie et leurs tendances.

Vos travaux, Messieurs, ont commencé, si je puis m'exprimer ainsi, ce travail d'amalgamation de civilisations diverses.

Par vos congrès, on peut le dire, vous mettez matériellement en contact le vieux monde avec le nouveau.

De vos études, Messieurs, et de ces contacts périodiques sortira, n'en doutez pas, car c'est là votre mission, une civilisation plus parfaite que celles qui se disputent jusqu'à présent l'humanité.

Der Vorsitzende bat Se. Excellenz Yacoub Artin Pascha, Sr. Hoheit dem Khedive den ehrerbietigsten Dank der Versammlung aussprechen zu wollen, sowohl für die Annahme der Wahl zum Ehrenmitgliede, als für die Entsendung der ägyptischen Delegation und für die zahlreichen werthvollen, dem Congresse übersendeten orientalischen Druckwerke.

Herr Charles Schefer, Delegirter Frankreichs, sprach hierauf Folgendes:

Je prie Votre Altesse Impériale et Royale de daigner agréer l'hommage du volume de ‚Nouveaux mélanges orientaux' publiés par MM. les professeurs de l'École des langues orientales vivantes à l'occasion du VII° congrès des Orientalistes.

Herr Cust (London) sprach Folgendes:

Your Royal and Imperial Highness, — In the name of the delegates from England and British India, I rise to express the pleasure which we feel in finding ourselves in this beautiful and imperial city, and in the hall of this celebrated University; and, in token of our homage, I beg to present to the Congress printed translations of one well-known book (the Bible) in one hundred and four languages, spoken by more than two hundred millions of men in Asia, Africa, America, and Oceania, prepared at the expense of the English people, but with the aid of scholars from Germany, Russia, Austria, and Holland.

Hierauf überreichten mehrere Delegirte und Congressmitglieder Geschenke an Büchern, deren Verzeichniss weiter unten folgt.

Der Präsident Freiherr v. Kremer dankte vorerst den Delegirten der fremden Länder und gelehrten Gesellschaften dafür, dass sie so zahlreich erschienen. Er sieht in ihrer Anwesenheit ein werthvolles Unterpfand des Wohlwollens der Regierungen und der gelehrten Gesellschaften, denen die orientalischen Studien schon so viel zu verdanken haben und drückt die Hoffnung aus, dass auch in Zukunft dieselbe erleuchtete Unterstützung den wissenschaftlichen Bestrebungen des Congresses erhalten bleiben möge. Er bedauerte die Unmöglichkeit, alle Festgeschenke und die Namen der Spender einzeln aufführen zu können und bittet hiefür den wärmsten Dank im Namen des Congresses Allen zusammen aussprechen zu dürfen.

Von der grossen Anzahl der auf den Tisch des Präsidiums niedergelegten Werke glaubt er aber ganz besonders folgende erwähnen zu sollen: Den von Professor Dr. Josef Karabacek vorgelegten Band der in Lichtdruck vervielfältigten Papyrus-Urkunden, deren Originale sich in der Sammlung Sr. k. und k. Hoheit des durchlauchtigsten Herrn Erzherzogs Rainer befinden. Dieser Band ist der Anfang eines grossen Werkes, des ‚Corpus papyrorum‘, das ein würdiges Denkmal sein werde der erleuchteten Fürsorge, die Se. kaiserliche Hoheit diesen Studien angedeihen lässt. Die gleichfalls von Professor Karabacek überreichten ‚Mittheilungen aus den Sammlungen der Papyrus Erzherzog Rainer‘ sind der erfreuliche Anfang der wissenschaftlichen Bearbeitung der Papyrus aus dem Faijum.

Mit den aus Anlass dieses Congresses in Druck gelegten ‚Nouveaux mélanges‘ habe Herr Ch. Schefer dem Congresse eine jener Ueberraschungen bereitet, worin er, wie bekannt, unübertrefflich ist.

Der Präsident dankt schliesslich nochmals für alle Gaben und Beweise des Wohlwollens und ersucht die Mitglieder, sofort nach Schluss der Gesammt-Sitzung sich in Sectionen zu constituiren.

Hierauf wird die Sitzung um 12 Uhr Mittags geschlossen.

Semitische Section (I^a).

Montag den 27. September: Eröffnung dieser Section durch Baron A. v. Kremer.

Es werden gewählt zum Präsidenten: M. Ch. Schefer; zu Vice-präsidenten: Prof. Dr. M. J. de Goeje und Graf Carlo Landberg; zu Secretären: Dr. Chr. Snouck-Hurgronje und Dr. I. Goldziher.

Dienstag den 28. September.

Der Präsident der Section M. Ch. Schefer eröffnet um $9\frac{1}{2}$ Uhr Vormittags die Sitzung mit warmen Begrüssungsworten und dankt für die ihm erwiesene Ehre.

Da Herr Dr. Goldziher (Pest) das Amt eines Secretärs weiter zu führen verhindert ist, fällt die Wahl des zweiten Secretärs auf Prof. Grünert. Dr. C. Snouck-Hurgronje, der zuerst gegen die An-nahme seiner Wahl Beschwerden erhoben hatte, fügte sich dem jetzt deutlich ausgesprochenen Wunsche der Versammlung.

Prof. Karabacek ladet die Mitglieder der Section I *a* und *b* zur Besichtigung der Papyrussammlung des Erzherzogs Rainer im österreichischen Museum auf Mittwoch 11 Uhr Vormittags ein.

Freiherr von Kremer hält seinen Vortrag: ‚Ueber das Budget der Jahreseinnahmen unter Harun Rašīd nach einer neu aufgefun-denen amtlichen Urkunde.‘[1]

Dr. Goldziher über: ‚Materialien zur Kenntniss der Almohaden-bewegung in Nordafrika.‘ — In zwei einleitenden Abschnitten wird über das Verhältniss der nordafrikanischen Berbervölker zur muham-

---

[1] Vgl. Verhandlungen, Sem. Sect., S. 1 ff.

medanischen Eroberung gehandelt und einerseits die Bedeutung des Chârigitenthums, andererseits die in Mischsecten zur Erscheinung kommende Reaction des Berberthums gegen den Arabismus und den Islam besprochen. In der sogenannten Beregwâta-Secte, welche statt des Allah-Namens den Gottesnamen Bâkaś benützt, lebt ein alt-berberischer Gottesname (Bacax, der aus römischen Inschriften bekannt ist) bis ins IV. Jahrhundert d. H. fort, so wie in dieser und ähnlichen Bewegungen die Institutionen des Berberthums in latenter Weise auch durch andere Erscheinungen reagiren. Erst das Auf-kommen berberischer Dynastien ermöglicht es dem Islam, in das Berberthum tiefer einzudringen und in dieser Beziehung bezeichnet das Auftreten des aus den Schulen des Ostens heimkehrenden Mas-mûdi-Berbers Muhammed ibn Tûmach (Anfang des VI. Jahrhunderts) einen bedeutenden Wendepunkt. Aus einer ursprünglich theologischen Reform erwuchs politischer Umsturz, die Begründung der Dynastie der Almohaden. Die Anfänge dieses Reiches, besonders nach der Richtung der theologischen Reform, welche an ihrer Wiege stand, werden an der Hand der schriftstellerischen Werke des Mahdi der Almohaden, welche in arabischer Sprache in einem Manuscript der Pariser Nationalbibliothek erhalten sind, mit Hinzuziehung der historischen Berichte beleuchtet. Die Authentie jener Werke wird durch den Nachweis der Uebereinstimmung dieser Sammlung mit den Berichten der Historiker, besonders das Vorhandensein der wich-tigsten Tractate des Mahdi, wie 1) die Schrift ‚A‘azz má jutlab‘, 2) das ‚tauhîd‘, 3) ‚aḳîdat al-imâma‘, 4) die ‚muršida‘ nachgewiesen. 1) ist eine Einleitung in die theologische Methodologie; 2) ist das Symbol, ein kurzgefasstes Glaubensbekenntniss der Muwahhidin, das aber bei seinem aś‘aritischen Grundtone auch pantheistische Elemente enthält. 3) ist das Mahdî-Bekenntniss, das zweite Symbol der Al-mohaden. 4) ist der Abriss eines almohadischen Katechismus. Diese Stücke werden im Urtext und Uebersetzung mit erklärenden Noten mitgetheilt. — Die letzten Abschnitte beschäftigen sich mit der Dar-legung des theologischen Systems des Mahdi ibn Tûmach, mit dem Stande dieser Wissenschaften unter den Herrschern aus der Dynastie des ‘Abd al-mu’min, mit den praktischen Reformen im öffentlichen Leben unter den Almohaden, endlich mit der Darstellung des Ver-falles der Mahdi-Idee am Ausgange des Almohadenreiches. — Einige Textmittheilungen aus dem Geschichtswerke des Ibn Sâhib al-salát (Oxforder Handschr.) beschliessen die Abhandlung.

Prof. Guidi über: ‚Alcune osservazioni di lessicografia araba.‘ [1])
An der Debatte betheiligt sich Graf Landberg, welcher glaubt, dass
die von Guidi erwähnten Fehler in den arabischen Wörterbüchern,
insbesondere in dem von Féjrûzâbâdi, den schlechten Ausgaben, die
wir davon bis jetzt haben, zuzuschreiben sind. In dieser Beziehung
findet man sehr wichtige Bemerkungen in الجاسوس على القاموس von
Ahmed Fâris. Die Varianten, die Prof. Guidi als Fehler ansieht,
sind nur verschiedene Aussprachen, festen Regeln folgend, die noch
heutzutage beobachtet werden können.

Prof. Ethé spricht ‚Ueber Firdousi's Yusuf und Zalīkhā‘. [2])
Dr. Pollak und Prof. Nöldeke betheiligen sich an der Debatte.

Hifnī Efendi Ahmed hält einen arabischen Vortrag: ‚Ueber
die in Aegypten üblichen volksthümlichen Dialecte.‘ [3])

Nächste Sitzung: Donnerstag den 30. September, $9\frac{1}{2}$ Uhr Vormittags.

Donnerstag den 30. September.

Zweite Sitzung: Vormittags $9\frac{1}{2}$ Uhr.

Der Präsident ertheilt das Wort Herrn Dr. C. Snouck-Hurgronje
zum Vortrage einiger einleitender Bemerkungen zu seiner der Section
im Namen des königl. niederl.-ostind. Institutes in einigen Exem-
plaren vorgelegten Schrift ‚Mekkanische Sprichwörter und Redensarten‘. [4])

Dr. Hein bespricht ‚Omar des Zweiten Finanzpolitik‘.

Yacoub Artin Pascha legt der Versammlung mit einigen einleitenden Worten die handschriftliche ‚Notice sur les travaux de
l'Institut Égyptien depuis sa fondation‘, par M. Vidal Bey, Secrétaire général de l'Institut, vor. [5])

Prof. Grünert hält seinen Vortrag über die ‚Alliteration des
Altarabischen‘. [6])

---

1) Vgl. Verhandlungen, Sem. Sect., S. 83.
2) Vgl. Verhandlungen, Sem. Sect., S. 19.
3) Vgl. Verhandlungen, Sem. Sect., S. 69, von rechts.
4) Vgl. Verhandlungen, Sem. Sect., S. 109.
5) Vgl. Verhandlungen, Sem. Sect., S. 89.
6) Vgl. Verhandlungen, Sem. Sect., S. 183.

Prof. Hommel spricht über den ,Arabischen Barlaam und Josaphat'. [1])

Rachâd Efendi hält seinen Vortrag ,Ueber das Unterrichtswesen in Aegypten von der arabischen Eroberung an bis auf die Gegenwart'.

Schech Fathallah hält einen arabischen Vortrag über den grossen Einfluss, den die arabische Sprache auf die allgemeine Bildung ausgeübt hat.

Samstag den 2. October.

Vierte Sitzung: $9^{1}/_{2}$—11 Uhr.

Der Präsident eröffnet die Sitzung und legt im Namen des Herrn Ḥamīdullah aus Poonah eine Chuṭbah vor.

Baron Schlechta-Wssehrd hält einen Vortrag über Jusuf und Zulaikha. [2])

Prof. de Goeje liest einen Brief des Geh. Raths Prof. Dr. Fleischer vor, in welchem dieser seinen herzlichen Dank ausspricht für die Theilnahme der semitischen Section an seiner goldenen Hochzeit.

Prof. Karabacek theilt ,Paläographische Ergebnisse aus dem arabischen Papyrus Erzherzog Rainer' mit. Der Präsident gibt dem lebhaften Danke der Versammlung Ausdruck. Der Schêch Fathallah führt in beredter Sprache aus, wie wünschenswerth die Uebersetzung dieser paläographischen Resultate in die arabische Sprache sei.

Der Präsident dankt für das in ihn gesetzte Vertrauen und schliesst die Sitzung.

---

[1]) Vgl. Verhandlungen, Sem. Sect., S. 115.
[2]) Vgl. Verhandlungen, Sem. Sect., S. 36.

Semitische Section (Iᵇ).

Montag den 27. September: Eröffnung dieser Section durch Prof. D. H. Müller.

Zum Präsidenten wird gewählt: Prof. C. P. Tiele; zu Vicepräsidenten: Prof. J. Guidi und Prof. Euting; zu Secretären: Prof. M. Lotz und Dr. Bezold.

Erste Sitzung: Montag den 27. September, Nachmittags 2—4 Uhr.

1. Herr Dr. Bezold trägt Prolegomena zu einer babylonisch-assyrischen Grammatik vor.[1]) An der Discussion betheiligen sich die Herren Prof. D. H. Müller und Prof. Chwolson.

2. Vorlesung des Herrn C. J. Ball über: ‚The formal element in Hebrew Lyric.‘ [2])

After alleging reasons against *a priori* prejudices, which might condemn such an investigation beforehand, Mr. Ball endeavoured to establish, by examining the poetical pieces scattered throughout the historical books of the Old Testament (especially Num. XXI; Judg. V; 2 Sam. I, 17 sqq.), that the ancient Hebrew Prosody was rigorously accentual and syllabic. Detailed analyses of the pieces in question were submitted to the Congress. The following may be given as a specimen.

> *‚Bou Ḥéšbon, tibbanéh!*
> *Tikkónen 'ír Siḥón!*
> *Ki 'éš yaç'áh me Ḥéšbon,*
> *Labbáh miqqíryath Siḥon;*
> *'A'klah 'A'r Mo'áb,*
> *Ba'lé bamóth 'Arnón!*

---

[1]) Vgl. Verhandlungen, Sem. Sect., S. 73.

[2]) Der Vortrag ist inzwischen in London (Messrs Harrison et Sons) publicirt worden.

'O! lakä, Mo'áb!
'Abádta, 'ám Kamóš!
Nathán banáu pleţím.
Wábnotháu bašbith,
Lamálk 'morí Siḫón.' (Num. XXI, 27—30.)

An der Discussion nehmen Theil die Herren Prof. Bickell,
D. H. Müller, Chwolson, Euting, Ginsburg.

Mittwoch den 29. September.

Zweite Sitzung: Vormittags 9¹/₂—11¹/₂ Uhr.

Vortrag des Herrn Prof. D. H. Müller: ‚Zur Geschichte der
semitischen Zischlaute'.[1]) An der Debatte betheiligen sich die Professoren Nöldeke, Bickell, Kámori und Oppert.

Herr S. A. Smith spricht über einige unveröffentlichte Texte
Assurbanipals.[2]) An der Debatte betheiligt sich Herr Oppert.

Herr Prof. Nöldeke lenkt die Aufmerksamkeit der Fachgenossen auf das soeben erschienene ‚Manuel de la langue Tigraï'
von J. Schreiber.

Herr Prof. D. H. Müller verliest ein Schreiben des Marquis
M. de Voguë:

J'ai le regret de ne pouvoir me rendre au Congrès des Orientalistes qui se tient à Vienne. Obligé de partir dans quelques jours
pour Madère, où j'ai laissé un enfant malade, je dois me consacrer
tout entier à ce devoir de famille. Je le regrette d'autant plus, que,
chargé par la Commission du ‚Corpus' de préparer le volume relatif
aux inscriptions araméennes, j'aurais certainement puisé, au milieu
des savants les plus compétents d'Europe, de précieuses indications.
Je vous serai reconnaissant de vouloir bien rappeler, à la section
compétente, que l'Académie des Inscriptions et Belles-Lettres recevra
avec gratitude toute communication d'inscriptions araméennes inédites
que l'on voudrait bien lui adresser.

Herr J. Strassmaier macht einige Mittheilungen über die von
ihm copirten Inschriften Nabonids, welche er demnächst zu ver-
öffentlichen gedenkt, und bittet um Angabe etwaiger Wünsche der
Fachgenossen in Betreff der Edition. Auf Antrag des Herrn Oppert

---

[1]) Vgl. Verhandlungen, Sem. Sect., S. 229.
[2]) Vgl. Verhandlungen, Sem. Sect., S. 257.

beschliesst die Section, dem Organisationscomité den Wunsch auszusprechen, dass die von Strassmaier copirten Nabonid-Texte, eventuell wenigstens theilweise, in den Acten des Congresses veröffentlicht werden mögen. An der Debatte betheiligen sich noch die
Herren Bezold und Oppert. Ersterer ersucht Herrn Strassmaier, die
Contracte nicht nach Regierungsjahren, sondern nach den bislang
üblichen Signaturen im britischen Museum citiren zu wollen und
bittet, nachdem daraufhin Rev. Strassmaier über eine zu Gunsten
der ‚Regierungsjahre' vorgenommene Aenderung der Museums-Signa-
turen referirt, um Beigabe einer Concordanz über die verschiedenen
Nummerirungssysteme.

Vortrag des Herrn Ginsburg: ‚On a newly discovered fragment
of the Jerusalem Targum on Isaiah.'

Freitag den 1. October.

Dritte Sitzung: Vormittags $9^1{}_2$—12 Uhr.

Der Präsident schlägt vor, keine Discussionen mehr stattfinden
zu lassen, weil es sonst nicht möglich sein werde, die vielen noch
ausstehenden Vorträge unterzubringen. Die Versammlung stimmt dem
Vorschlage zu.

Herr Dr. H. Feigl hält einen Vortrag über: ‚Die Determination
in den semitischen Sprachen.'

Herr Prof. Nöldeke stellt im Vereine mit Herrn Prof. Dr. D.
H. Müller den Antrag: ‚Die Section spricht die Meinung aus, dass
eine kritische Ausgabe des Talmud in einem oder in zwei Bänden
ein wissenschaftliches Desideratum ist, und empfiehlt den Abdruck
der Ausgabe des Tractates Makkôth durch Herrn Dr. Friedmann
(von der eine Probe vorgelegt wird) in den Acten des Congresses.'
Nach einigen Bemerkungen der Herren Professoren Chwolson und
Müller wird der Antrag angenommen.

Herr Prof. Dr. D. H. Müller stellt in seinem und Staatsrathes
Patkanoffs Namen den Antrag: ‚Die Section wolle beschliessen, die
kaiserlich russische Regierung ist vom Congresso zu ersuchen, die
methodische Sammlung der Keilinschriften im russischen Transkaukasien zu veranlassen und wissenschaftliche Unternehmungen, welche
auf die Sammlung dieser Inschriften im türkischen Armenien gerichtet
sind, zu unterstützen.' Der Antrag findet allgemeine Zustimmung.'

Herr Prof. Dr. Chwolson spricht über die nordöstlich von Kokand (Fergana) gefundenen syrisch-nestorianischen Grabschriften.

Herr Prof. Dr. Oppert spricht über juristische Keilschrifttexte.

Rev. H. W. Hechler erläutert seine vergleichende graphische Darstellung der biblischen assyrischen, ägyptischen u. s. w. Geschichte und legt mehrere Ziegelsteine mit Keilinschriften sowie einige Abgüsse von solchen vor.

Herr Prof. Dr. Hommel drückt die Hoffnung aus, dass die vorstehenden Tabellen im praktischen Gebrauche Eingang finden werden, und gibt einige Erläuterungen zu den zum Theil sumerischen, von Gudea (im 3. Jahrtausend v. Chr.) herrührenden Inschriften. Einige Bemerkungen dazu macht noch Herr Prof. Oppert.

Herr Prof. Heller behandelt die syrisch-chinesische Inschrift von Sigan-fu (Nestorianische Tafel).

Herr Dr. Jeremias lenkt die Aufmerksamkeit der Fachgenossen auf das grosse assyrische Wörterbuch von Friedrich Delitzsch, welches im November zu erscheinen anfangen wird, und legt einige Exemplare des Prospectes vor.

Den letzten Vortrag hielt Prof. Dr. G. Bickell aus Innsbruck über Textberichtigungen zu der, im 6. Jahrhundert n. Chr. aus dem Pehlvi veranstalteten, syrischen Uebersetzung des indischen, ursprünglich buddhistischen, lehrhaften Fabelwerkes Kalilag und Damnag. Bickell hatte 1874 diese syrische Uebersetzung nach einer Copie der einzigen, zu Mardin befindlichen, Handschrift herausgegeben und später, durch die Güte des jetzigen syrisch-katholischen Erzbischofs von Edessa, Mgr. Ephraem Rabulas (früher Aloysius) Rahmânî, eine Vergleichung seines Abdruckes mit der Mardiner Handschrift erhalten, welche seine Conjecturen vielfach bestätigte, aber auch manchen Stellen erst die richtige Emendation brachte. Nach einem Rückblick auf den Ursprung, die Umänderungen, die Verbreitung und Bedeutung jenes wichtigen Werkes gab daher Bickell mehrere Proben, wie die für dessen Wiederherstellung in erster Linie massgebende syrische Uebersetzung jetzt durch Mgr. Rahmânî's Vergleichung an bedeutsamen Stellen richtiger verstanden werden kann. Er beabsichtigte, diesen Vortrag hier drucken zu lassen und ihm ein vollständiges Verzeichniss der durch Mgr. Rahmânî festgestellten Textemendationen beizugeben. Da er aber unterdessen erfuhr, dass Dr. E. Sachau drei Copien der Mardiner Handschrift in der königl. Bibliothek zu Berlin niedergelegt hat, und ein junger

Orientalist, L. Blumenthal, deren Lesarten soeben für seine Habili-
tationsdissertation bearbeitet, hat er es für zweckmässiger gehalten,
die Resultate der Rahmânî'schen Vergleichung Herrn Blumenthal
zur Verfügung zu stellen, um eine unbequeme Zersplitterung des
kritischen Materials zu vermeiden. Nachdem er demgemäss auf Abdruck des Emendationen-Verzeichnisses an dieser Stelle verzichtet
hat, scheint ihm auch die Veröffentlichung des Vortrages selbst nicht
mehr ein Bedürfniss, da derselbe theils den Fachmännern schon Be-
kanntes zusammenfasste, theils auf die Bedeutung und Wichtigkeit
jenes Verzeichnisses durch ausgewählte Beispiele hinwies, gleichsam
eine Einleitung zu demselben bildete.

Hierauf schliesst der Herr Präsident diese letzte Sitzung der
Section, nachdem auf Antrag des Herrn Goldziher die Versammlung
dem Präsidenten und dem ganzen Bureau ihren Dank votirt hat.

Arische Section (II).

Montag den 27. September: Eröffnung der arischen Section.

Zum Präsidenten wird gewählt: Prof. R. v. Roth; zu Vicepräsidenten: Prof. A. Weber und Prof. C. Lignana; zu Secretären: Prof. Ch. Michel und Dr. J. Hanusz.

Erste Sitzung: Montag den 27. September, Nachmittags 2 bis 4 Uhr.

Herr Grierson unterbreitet einen Vorschlag zur systematischen Aufzeichnung der indischen Dialecte und Sammlung der darin existirenden Handschriften und sagt:

In laying on the table a copy of 'Bihār Peasant Life', and a complete set of the 'Grammars of the dialects and subdialects of the Province of Bihār', I would ask to be excused for drawing attention to the fact that they are a first attempt at a systematic survey of the language actually spoken in a given tract of British India.

A glance at any one of these books will show how radically the real language, — the mother-tongue of all classes, rich and poor, educated and uneducated alike — in Bihār, differs from the so-called Hindī and Hindūstānī languages, which have hitherto been the only languages of Northern India known to students.

I would now urge the necessity there is of making a systematic attempt at finding out what are the actual languages spoken at the present day throughout India, and what relics there are of their past history.

Firstly, the actual state of affairs at the present day. We have the Neo-Aryan languages of India at present roughly classified into Marāthī, Gujarātī, Panjābī, Sindhī, Hindī, Bangālī, Asāmī, Oriyā, Kāshmīrī and Singhālī, to which by a process of fission Bihārī has lately been added as a younger sister. As having, in a manner, attended at the birth of the last named, I naturally take an interest in her condition, but that does not prevent my seeing that what is the case with her is in great measure the case throughout all India, and specially in Hindūstān. That is, that the literary or Government language of any tract is widely different from the language actually spoken by the people. In some cases this is only a question of dialect, but in others the polite language learned by Europeans, and by natives who wish to converse with Europeans, is totally distinct both in origin and in construction from that used by the same natives in their homes. In the course of future years, no doubt, through the agency of railways and the printing press, the literary language will in many cases become the norm of home-conversation, but at present that is not the case. The fact is, and it is one that should be faced, that nowhere in Hindūstān is the language of the village the same as the language of the court and of the school. This is true to a certain extent all over the world, but in India the difference between the two languages is peculiarly great. Before a poor man can sue his neighbour in the court he has to learn a foreign language, or to trust to interpreters, who fleece him at every step; and before a boy can learn the rule of three he has to learn the foreign language in which it is taught. In some parts of Hindūstān this difficulty exists in greater degrees than in others, but it is always more or less present.

As the tracts ruled by each Government are very large, a multiplicity of court languages would be a manifest inconvenience, but that is no reason why the European official should not learn the vernacular *patois* or language (I care not what it is called) of the district committed to his care. This has hitherto been a practical impossibility to the average official for whose aid no grammars or dictionaries existed, and for this purpose, I undertook the preparation of the Bihari grammars, which have, I believe, been found useful. The Magistrate need no longer have recourse to an interpreter, and can now, after a minimum expenditure of labour, converse with a witness in the latter's mother tongue.

So much for the practical side of the question. I believe that similar vocabularies and sets of grammars for the whole of India would be not only equally practically useful, but would also be of assistance to students of philology in Europe, and to missionaries.

The Hindūstānī[1]) hitherto studied, though a useful *lingua franca,* is but a camp jargon, and Urdū and Hindī, which are founded on it, are mere inventions of the closet, and nowhere vernaculars. They are hence nothing but misleading to the European student.

Secondly, the relics there are of the past history of the languages of India.

Here I must confine myself to Hindūstān, for I do not pretend to have any acquaintance with the older literatures of other Indian languages. In my paper on the Mediæval literature of Hindūstān which I propose to read at this Congress, I hope to be able to show that from the 13th century down to the present day, there is a rich mine of literature awaiting the labour of the student. This literature is of every variety, Commentaries on Sanskrit works, Histories (with dates), Epic poems, collections of sonnets, huge anthologies, treatises on medicine, mathematics and grammar, in short, every subject with which we are familiar in Sanskrit, and others besides. These books were all written in the vernacular, and their authors meant them to be understood by the unlearned, and thus they reflect the progress of the languages of India from the era of the Prākrit writings down to this century. What a mass of ore awaiting the furnace of European science!

I believe, therefore, that the time is ripe for commencing *a deliberate, systematic survey of the languages of India, nearer and further, not only as they exist at the present moment, but as far back as MSS. can take us.*

---

[1]) I use these terms here in the sense in which natives use them in the part of India where my lot has been cast. By Hindūstānī, I mean that useful *lingua franca,* understood by every one all over Northern India, borrowing something from each of many languages, but nowhere a vernacular. By Urdū, I mean that form of Hindūstānī which has been elaborated by Musalmān pedants in their books, which is overloaded with Arabic and Persian words, and understood only by learned Muhammadans. Similarly, by Hindī, I mean the Pandit-ridden form of Hindūstānī which is overloaded with Sanskrit words, and understood only by learned Hindūs. Urdū differs from Hindī not only in its vocabulary, but in its idioms, and, above all, in the collocation of its words, This last, and not the vocabulary, is considered by Hindū scholars the true discriminating test. This Hindī is often called Jābanī by natives.

In talking to Europeans, natives will sometimes use Hindī for the language of Sūr Dās, and Tul'sī Dās, but they rarely do so amongst themselves, preferring the terms Braj, Baiswārī, and so on.

Such a task is beyond the power of private enterprize, but I am persuaded that the Government which has carried out the statistical survey of India, and which has such literary powers at its command as those which conceived the idea of and carried out the great Gazetteer of India would not shrink from such a survey as I now refer to, if it were proposed with all the weight of authority which belongs to this Congress.

An der Discussion nehmen Theil Dr. Hoernle und Professor G. Bühler.

Herr C. Bendall zeigt ein von ihm im Jahre 1884 in Nepal gekauftes Palmblättermanuscript und macht dazu folgende Mittheilung:

The chief interest of this document is its remarkable writing, which belonged to a variety of Indian Character hitherto unnoticed. A few weeks after his acquisition of the MS., Mr. Bendall found in the Calcutta Museum an unread inscription on the pedestal of a figure of Buddha from Bihar, which proved to be another example of the same character. Photographs and squeezes of this were passed round, and a lithographic table of the alphabet was distributed. The character may be styled arrow-headed or point-headed from the inverted triangular ornament with the apex uppermost, which surmounts each vertical stroke. Another archaic feature is the addition of wedge-like strokes, usually to the right-hand side for several letters, as a kind of determinative mark. This occurs even more frequently here than in the Horiuzi MS., where it has been specially noted by Dr. Bühler. Another archaism is the apparent absence of distinction, especially remarkable in a grammatical treatise, between ri medial and ra, so that the words $vrita$ and $vrata$ would be written alike. A number of other archaisms and peculiarities were pointed out and attention was briefly called to the contents of the MS., which is a fragment of a commentary or supercommentary (*tippanikā*) on the Chāndra-vyākarana, a grammar specially adopted by the Buddhists. Mr. Bendall suggested that the writing represented one of the last alphabets represented in the Lalita-vistara as learned by the Buddha.

An der Discussion nehmen Theil Prof. R. von Roth und Prof. E. Kuhn.

Prof. E. Kuhn glaubt eine gewisse Aehnlichkeit zwischen diesem neuen Alphabete und der mit Tinte geschriebenen Form des

Kamboja-Alphabetes (Burnouf et Lassen, Essai sur le Pâli, pl. III)
constatiren zu dürfen, lehnt aber weitere Folgerungen aus dieser
Aehnlichkeit ab, da dieselbe ursprünglich durch gleichartiges Schreib-
material bedingt zu sein scheint.

Dr. Pollak kündigt die Vorbereitung eines deutsch-persischen
Wörterbuches an.

Prof. Dr. G. Bühler legt vor: 1. Specimen des Atharvaveda-
bhâshya von Ś. P. Pandit; 2. Liṅgânuśâsana des Vâmanâcârya von
Dr. P. Peterson; 3. einen Vortrag des Dr. Bhagvanlâl Indrâji: ‚On
two Chalukya-Inscriptions‘. Den drei Verfassern wird der Dank der
Section votirt.

Prof. Jolly überreicht eine Ankündigung seiner Ausgabe des Manu.

Dr. R. G. Bhâṇḍârkar hält einen Vortrag über die Resultate
seiner Forschungen nach Sanscrit-Manuscripten. Dieselben waren:

1. Jinadatta, the author of the Vivekavilâsa, quoted by Mâdhava in his account of the Bauddha and Jaina Darśanas flourished
about the middle of the 13th century. Amarachandra, the author of
the Kâvyakalpalatâ, was his pupil and Arisiṁha was the contem-
porary of the latter. They both lived in the time of Vîsaladeva.

2. The discovery of transcripts of six Saṁhitâs of the Nâra-
dapañcharâtra in Pâṭaṇ.

3. Kṛishṇa, the hero of the Kavirahasya, was a prince of the
Râshṭrakûṭa family of the Dekkan.

4. Tribhuvanapâla succeeded to the Pâṭaṇ throne in 1298 Saṁvat and reigned for four years.

5. The Vichâraśreṇi gives wrong dates and wrong information.

6. Yaśovarman of Kanoj died between 807 and 811 of the
era of Vikrama.

7. The Nalodaya was composed by Ravideva and not by Kâlidâsa.

8. A complete copy of Jayanta's Kâvyaprakâśadîpikâ was obtained at Ahmedabad. Jayanta wrote it in the Saṁvat year 1350
during the reign of Sâraṅgadeva. His fathers name was Bhâradvâja
who was the family-priest of the minister of Sâraṅgadeva.

9. Discovery of a second transcript of a part of the Vikra-
mâṅkacharita.

10. Discovery of a poem in fifteen cantos entitled Surathotsava
by Someśvaradeva. The plot of the poem is the same as that of
the Saptaśatî or Devîmâhâtmya. In the last canto the poet gives

the history of his family from which it appears that his predecessors were family-priests of the Chaulukyas of Anahilapattana.

11. Mahîdhara composed a commentary on the Kâtyâyanaśulvasûtra in Samvat 1646.

12. Trikâṇḍamaṇḍana, the author of the Âpastambadhvanitârthakârikâs, is quoted by Hemâdri who wrote his works on Dharma before 1271 A. D. Trikâṇḍamaṇḍana quotes many authors of Sûtras, commentaries on them and Prayogas. Upavarsha is mentioned as the author of a Sûtra and Bhavanâga as the author of a commentary on the Sûtra of Âśvalâyana or of a Prayoga. He also mentions Nârâyaṇa the author of the Vṛitti on the Śrautasûtra of Âśvalâyana, Karka, Dhûrtasvâmin, Siddhântin, Vṛiddhâchârya and others. The title Svâmin given to Mîmâṃsakas is indicative of the period in which they lived. It occurs in inscriptions of the 7th century.

13. The Sûtra of Baudhâyana is later than that of Âśvalâyana, Âpastamba &c. because it contains later developments of sacrificial rites.

14. Śrîdharâchârya's Smṛityarthasâra is quoted by Hemâdri together with a criticism on it by the author of the Smṛitichandrikâ.

15. Madanapâla wrote one of his works in 1431 Vikrama.

16. Bhaṭṭojîdîkshita florished about the middle of the 17th century.

17. Discovery of a transcript of the Dânavâkyâvalî by Vidyâpati who wrote it at the request of Dhîramati, queen of Narasiṅhadeva, king of Mithilâ, who must have been on the throne about 1230 A. D.

18. Jonarâja's commentary on the Kirâtârjunîya was composed in Śaka 1370.

19. A commentary on the Prabodhachandrodaya entitled Chandrikâ was written by a nephew of the minister of Kṛishṇarâya, king of Vijayanagar.

20. Madanakîrti, Harihara and Someśvaradeva were contemporaries.

21. Chapters I—V of the Kâśikâ were written by Jayâditya and VI—VIII by Vâmana.

22. Râmachandrâchârya, the author of the Prakriyâkaumudî, lived about 1450 A. D.

23. Râmânuja's system is the same as that of the Pâñcharâtras. The latter was a system of Vâsudeva-worship which originated be-

fore Pânini. The author was a Kshattriya as those of Buddhism and Jainism were.

24. Spandasâstra different from Mâdhava's Śaivadarśana and is the basis of the Pratyabhijñâsâstra. Utpala, the author of the Spandapradîpikâ, different from the author of the Pratyabhijñâsûtra.

25. The author of the Târkikarakshâ the same as that of the Vyâkhyâ on it.

26. The method of converting a Laukika into a Śaka date given in a Kaśmîr astronomical manuscript.

27. The Kiraṇâvalî by Dâdâbhâi was written in Śaka 1641.

28. Jainism not a sect of Buddhism. Some of its doctrines are of the nature of a compromise between the Sâṁkhya and the Vedânta on the one side and the Vaiśeshika system on the other.

29. Âśâdhara wrote his commentary on the Dharmâmṛita in 1300 of Vikrama and his Trishashṭismṛiti in 1292 of Vikrama, the reigning prince in Mâlavâ being Jaitugideva, son of Devapâla of the Pramâra race. The author emigrated to Mâlavâ from the Sâmbhar lake country after it had been conquered by Shababuddin Ghori, the founder of the Mahommedan empire in India.

30. The Padmapurâṇa of Ravisheṇa was written in 1204 of the era of Mahâvîra i. e. 716 Vikrama or 610 A. D.

31. Jinasena who wrote his Harivaṁśa in 705 Śaka mentions in his introduction to the Âdipurâṇa Siddhasena, Akalaṅka and others.

32. Praśasti at the end of the Uttarapurâṇa written by Guṇabhadra in which his pupil Lokasena is mentioned as having consecrated the Purâṇa in 820 Śaka while Akâlavarsha was on the throne. Amoghavarsha mentioned as a devotee of Jinasena. Both princes belonged to the Râshṭrakûṭa dynasty of the Dekkan.

33. The Jainas had no written literature till about 139 A. D. The sect through founded about the time of Buddha was very unimportant till about the 3rd century of the Christian era.

In connection with the above Dr. Bhâṇḍârkar exhibited the second part of an ancient palm-leaf MS. containing a Jaina work, called Aṅgavijja. [1])

An der Discussion nimmt Theil Prof. G. Bühler. — Dem politischen Agenten und den Fürsten von Kathiawâḍ, sowie der

---

[1]) Ueber die Einzelheiten des Vortrages und die Beschreibung der Manuscripte siehe seine 'Reports for the Search of Sanskrit MSS. 1883/84', Bombay 1888.

Bombay-Regierung wird der Dank der Section für die Entsendung des Prof. Bhâṇḍârkar ausgesprochen. (Das betreffende Schreiben wurde am 7. October 1886 durch das Comité nach Bombay abgesendet.)

Prof. Weber berichtete über eine vor Kurzem durch die freundliche Vermittelung des zur Zeit in Benares weilenden Prof. Dr. K. Garbe erhaltene, im Jahre 1885 daselbst erschienene Ausgabe der Durjanâsyacapeṭikâ ,Maulschelle für die Bösen' des Râjavallabha, die sich als ein Auszug aus der Khalavaktracapeṭikâ (von gleicher Bedeutung) desselben Autors ergibt, und als Datum: kha-khâ'nka bhû-mite varshe Vikramâdityabhûpateḥ, d. i. Saṁvat 1900, A. D. 1844, trägt. Es findet hierdurch die vom Referenten in seiner Abhandlung: ,Zwei Parteischriften zu Gunsten der Maga, respective Çâkadvîpîya-Brâhmaṇa' in den Monatsberichten der Berliner Akademie der Wissenschaften 1880, p. 69 vorgeschlagene Correctur des in der dort benützten Handschrift der Khalavaktracapeṭikâ vorliegenden Datums: kha-khâ-'nkâbhu-mite (eben in: kha-khâ-'nka-bhû-mite) und die daraus resultirende Vermuthung über die ganz moderne Uebersetzung des Werkchens, ihre volle Bestätigung.

Auch hier sind wie dort am Schlusse die Namen einer Anzahl von Paṇḍits aufgeführt, welche sich damit als dem Inhalt des Schriftchens vollständig beipflichtend bekunden. Die Zahl derselben beträgt respective hier nicht 13,[1]) sondern 21, und zwar sind bekannt (bis auf einen) alle die dortigen Namen, und vier Namen gehören anscheinend einer noch jetzt in Benares lebenden Persönlichkeit an.

Nach Prof. Garbe hat es im Uebrigen hiermit eine eigene Bewandtniss. Es ist nämlich zur Zeit in Indien geradezu Sitte, sich den Inhalt einer neuen Schrift durch Freunde und Bekannte beglaubigen zu lassen, um derselben dadurch von vorneherein eine gewisse Bedeutung zu sichern, mit anderen Worten: Reclame für sie zu machen. Irgend welches Gewicht sei schon den so zu Stande kommenden Beglaubigungen in keiner Weise beizulegen. Man gehe dabei mit der grössten Leichtfertigkeit zu Werke, lehne einen dergleichen Freundschaftsdienst nie ab, unterschreibe wohl gar, ohne von dem Inhalt der Schrift auch nur irgend welche Notiz genommen

---

[1]) Ueber einige derselben siehe auch ZDMG. 27, 186 (Indische Briefe 3, 235).

zu haben. Auf eine wirkliche Anerkennung der Ansprüche der Maga, respective Çâkadvîpîya-Brâhmaṇa, Seitens der übrigen Brahmaṇen, oder gar auf die factische Berechtigung derselben, sei somit aus der hier vorliegenden beglaubigenden Unterschrift kein irgend welcher Schluss zu ziehen.

Als Resultat der bis jetzt über die Maga vorliegenden Daten scheint sich nach Allem die Richtigkeit der Annahme des Referenten (siehe dessen Abhandlung über die Magavyakti in den Monatsberichten der Berliner Akademie 1879, pp. 458, 466) herauszustellen, dass dieselben auf einer alten, etwa in die ersten Jahrhunderte unserer Zeit zurückreichenden Mission des Mithra-Cultes beruhen, deren Träger sich von vornherein mit den Brâhmaṇa direct amalgamirt haben — im Gegensatze zu den ja erst viel später, auf Grund der Verfolgung durch die Moslims, nach Indien gewanderten Parsi, welche sich stets in selbständiger Abgeschlossenheit hielten, was übrigens nicht ausschliesst, dass sich gelegentlich, vermuthlich ziemlich zu Anfang ihrer Ansiedelung, einige Brâhmaṇa ihnen ihrerseits direct angeschlossen haben (die Tradition nennt als solche die Namen: Baiopendet, Djesalpendet und Schopalpendet).

Auffällig bleibt es nun immerhin, dass das Bewusstsein der fremden Abstammung der Çâkadvîpîya-Brâhmaṇa sich so lange Zeit, durch etwa 16—18 Jahrhunderte hindurch, so fest erhalten hat! Es scheint respective fast, als ob durch den Einfluss der separatistischen Bestrebungen Kaiser Akbar's, (falls nämlich Ḳrishṇadâsa Miçra, der Verfasser der Magavyakti, identisch ist mit dem Ḳrishṇadâsa, der unter Kaiser Akbar seine Pârasîprakâśa verfasste) diese Traditionen wieder mehr in den Vordergrund getreten sind. Und zwar werden zur Zeit die darauf gegründeten Ansprüche der Maga, die nicht bloss auf Gleichstellung mit den übrigen Brâhmaṇa, sondern sogar auf Vorrang vor ihnen gerichtet sind, in den vorliegenden Parteischriften zu Gunsten derselben mit um so grösserer Schärfe (cf. den Titel allein schon!) geltend gemacht, je geringer die Achtung zu sein scheint, der sie sich factisch erfreuen! Dem Professor Garbe zufolge gehören sie zu den armseligsten und geringst geschätzten Gliedern der Brâhmaṇa-Kaste.

Prof. E. Windisch erinnert daran, dass gestern vor hundert Jahren H. H. Wilson geboren wurde. Die Section erhebt sich zum Andenken.

Dienstag den 28. September.

Zweite Sitzung: Vormittags $9^1/_2$—$12^1/_2$ Uhr.

R. Hoernle legt einige alte Manuscripte vor und erklärt speciell die Bakhshali-Handschrift. An der Discussion nehmen Theil die Prof. R. v. Roth, G. Bühler, A. Weber und A. Ludwig.

Prof. Weber schlug vor das Wort für eins nicht *ûpa*, sondern *rûpa* zu lesen, welcher Ausdruck sich dafür (neben *çûnya* für Null) bereits in dem letzten Capitel von Piṅgala's Chandaḥsûtra vorfindet (siehe Indische Studien 8, 166, 444).

Prof. C. G. Lignana liest seinen Vortrag: ,I Navagvâḥ e i Daśagvâḥ del Ṛigveda.

Esaminati i passi del Ṛigveda, nei quali si fa menzione dei Navagvâḥ e dei Daśagvâḥ, e determinata la natura di queste rappresentazioni Vediche, se ne cerca la connessione nei poemi Omerici, e seguatamente nel culto di alcune divinità Italiche, finora non intese, e che occorrono nei frammenti della epigrafia dei Marsi, e dei Volschi.

Prof. P. Hunfalvy liest seinen Vortrag: ,Wo mag sich die rumänische Sprache gebildet haben?' An der Discussion nehmen Theil die Prof. C. P. Hasdeu und A. Ludwig.

M. Hasdeu : Je demande la permission d'interrompre M. Hunfalvy pour lui poser une question qui pourrait l'intéresser même en sa qualité de Hongrois. En français, le cheval châtré s'appelle *hongre*, d'où *hongrer* l'action de châtrer un cheval. C'est qu'au Moyen-âge et même déjà avant le IVe siècle, selon le témoignage d'Ammien Marcellin, cet art était pratiqué sur la rive gauche du bas Danube. Si quelqu'un s'avisait de contester l'existence, au Moyen-âge, des Hongrois dans la Hongrie actuelle, on pourrait bien lui opposer le mot français *hongre*, vallon *honc*. Or dans tous les dialectes allemands, le cheval châtré s'appelle *Wallach* c'est-à-dire ,Roumain'. Pourrait-on expliquer ce terme, si les Roumains n'avaient pas vécu au Moyen-âge sur la même rive gauche du bas Danube que les Hongrois?

M. Hunfalvy : Certes, le mot français *hongre* prouve l'existence des Hongrois, mais il ne prouve pas l'époque, à laquelle leur existence dans la Hongrie actuelle a commencé, si nous ne constatons, quand ce mot apparaît pour la première fois en français. Je ne connais pas l'ancienneté du mot *Wallach* en allemand, c'est-à-dire je ne sais pas le temps quand il commence à paraître chez les Allemands. M. Hasdeu sans doute le sait, eh bien, qu'il nous le dise. Quant à moi j'ose présupposer que les Allemands avant la croisade de l'empereur Frédéric II n'ont pas connu ce mot ; car c'est à cette occasion qu'ils ont fait connaissance pour la première fois avec les Wallachs au delà du Danube, dans la Bulgarie actuelle.

M. Hasdeu : Il peut bien ne pas se trouver dans les anciens textes du haut-allemand, et pourtant il doit être relativement très ancien dans la bouche du peuple, car d'un côté, il s'est répandu jusque dans les langues scandinaves : en suédois *vallack* ,hongre'; d'un autre côté, il a pénétré dans le lithuanien : *völûkas* ,hongre'; enfin, il se trouve dans tous les dialectes slaves du nord : en bohême, en polonais, en sorabe, en russe etc., partout considéré depuis des siècles comme un ancien terme populaire tout-à-fait indigène, nulle part comme néologisme ou comme mot d'emprunt.

M. Hunfalvy : Un mot étranger qui depuis le XVIe ou XVIIe siècle se trouve dans une langue actuelle semble être tout-à-fait indigène. Sans savoir précisément le temps de sa première apparition dans telle langue, il ne nous prouve rien pour les siècles antérieurs.

M. A. Ludwig : Je présenterai aussi, en passant, une objection à la théorie de M. Hunfalvy. Si les Roumains étaient venus d'au-delà du Danube, il est naturel que leurs anciennes capitales se trouveraient au sud, plus près de ce fleuve, tandis que, au contraire, nous les voyons toutes au nord, près des Carpathes, et ce n'est que plus tard que les Roumains rapprochent leurs résidences du Danube.

M. Hunfalvy : Ces capitales-là n'étaient pas fondées par les Roumains, mais par les Slaves, ainsi que leurs noms l'attestent.

M. Hasdeu : Je me permets une nouvelle question. Dans quel dialecte slave, M. Hunfalvy a-t-il trouvé les mots *Campu-lung* et *Argeş*, noms des anciennes capitales roumaines?

M. Hunfalvy : Inutile de les chercher dans un dialecte slave, parceque je m'en doute fort si ces noms aient existé avant 1247, quand Béla IV roi de la Hongrie, fit aux chevaliers hospitaliers de Jérusalem la donation de la Sévérie, ou de la *Petite Walachie* en deçà du fleuve Abuta, et de toute *la Coumanie*, ou de la *Grande Walachie* au delà du même fleuve jusqu'au Danube et à la mer Noire, en se réservant la souveraineté. En outre je sais, que bien après 1247 il y avait en Argeş des évêques catholiques, lorsqu'on ne songeait pas encore à un évêque oriental dans ces provinces.

Cap. R. C. Temple macht eine Mittheilung über seine Ausgabe des ‚Dictionary of hindustani proverbs, by the late S. W. Fallon‘. An der Discussion nimmt Theil Prof. A. Weber.

Prof. Weber sprach seine Freude über diese Publication aus als der Anfang zur Erfüllung der Wünsche, welchen die Section auf dem letzten Congresse zu Leyden im Anschluss an einen Vortrag und eine Resolution des Rev. J. Long Ausdruck gegeben habe (siehe Actes du sixième Congrès 1, 169 fg. 236 fg.).

Dr. K. Glaser spricht über die altindischen Bezeichnungen für die Edelsteine. An der Discussion nimmt Theil Prof. R. v. Roth.

Herr Dr. Glaser sagt: Wegen der geographischen Verhältnisse Indiens, infolge deren Nationen verschiedener Rassen sich im Laufe der Jahrhunderte begegnen mussten, wegen der mannigfaltigen localen Gliederung, welche die tropische Zone, Landstriche mit gemässigtem Klima und unwirthliche Schneefelder aufweisen kann und wegen der grossen Ausdehnung seines Gebietes kann Indien ‚eine eigene Welt für sich‘ genannt werden. Lassen, Ind. Alt. I., 77.

Der Reichthum der Erzeugnisse in allen drei Reichen der Naturgeschichte hat in allen Perioden der Weltgeschichte sowohl den Kaufmann, wie den Eroberer mächtig nach diesem Lande gezogen und es zu einem Mittelpunkt des Welthandels gemacht: der Ruhm des Reichthums seiner Flora ist ein unvergänglicher. Es durften aber kaum bei irgend welchem Volke die Naturgegenstände von solcher Wichtigkeit im Leben und im Bewusstsein der Volksmasse sein, wie gerade bei den Indern; man denke an die Seelenwanderung.

Frühzeitig dachten daher die Gelehrten daran, entweder einzelne Reiche der indischen Naturgeschichte, oder einzelne Partien aus einem der drei Reiche genauer zu behandeln, in Bezug auf den letzten Punkt erinnere man sich an die ausführliche Monographie über die ‚Geschichte des Elephanten‘ in Schlegel's Indischer Bibliothek 1820, I. 129—232. Die indische Flora ist oft und ausführlich behandelt worden. Die Inder selbst haben Lexica der naturgeschichtlichen Ausdrücke geschrieben; man denke an Râjanighaṇṭu.

Dass sich das Bedürfniss aufdrängt, die vielen verschiedenen Namen für die einzelnen Naturgegenstände zu wissen, ist aus dem Bestreben Lassen's zu erkennen, in der Besprechung der indischen Naturerzeugnisse (Ind. Alterth. I., 237—322), wenigstens die wich-

tigsten Namen und Synonyma für dieselben zu geben. Die vielen
Unrichtigkeiten, welche selbst neuere Werke, wie Forbes Watson's
‚Index to names of eastern plants and products,‘ London 1868 zeigen,
dass eine die Nomenclatur aller drei Reiche umfassende, auf Grund
der neuesten Werke aus der indischen Literatur durchgeführte Bearbeitung in mehrfacher Beziehung von Interesse sein könnte. Es
muss aber eingestanden werden, dass ein Indologe aus eigenem An-
triebe kaum eine solche Arbeit übernehmen würde, wenn nicht umfangreiche Sammlungen ihn zu dieser Arbeit hinleiteten.

Als eine solche Anregung betrachtet der Referent das 467 Seiten
umfassende Manuscript, welches sich im Nachlasse des in Prag am
9. Mai 1883 verstorbenen Vaniček befand. Es enthält Bezeichnungen
für Theologie, Kosmologie, Sternkunde, Zeit, Erdoberfläche, Zoologie
und Botanik, ausgehoben aus dem grossen und kleinen Petersburger
Sanscritlexicon (das kleine wurde nur bis zum III. Bande benutzt);
es begann mit den Bezeichnungen für Gott und schloss mit den
Namen für Wrightia antidysenterica, und sollte eine Art indischen
Lexicons für die Naturkunde sein, wie sie in früheren Jahrhunderten
Lexicographen zu liefern pflegten. In dieser Form war es völlig
unbrauchbar. Referent zeigte das Manuscript Herrn Prof. Ludwig
in Prag, und theilte ihm die Absicht mit, den in die specielle Zoologie und Botanik eingreifenden Theil revidiren und die Nomenclatur für die Mineralogie neu aus den Lexicis ausheben zu wollen,
und fand die Zustimmung des Prager Gelehrten. Es wird jedes Wort
mit Citaten belegt.

Eine solche Sammlung würde an Werth gewinnen, wenn nach-
geforscht würde, welche von den altindischen Benennungen sich in
die mittel- und neuindischen Sprachen verpflanzt haben.

Jeder Artikel soll die lateinische Benennung an der Spitze
tragen; hierauf kommen die indischen in den verschiedenen Perioden,
und schliesslich die deutsche, englische und russische.

Als Referent die Revision und Ergänzung der altindischen
Nomenclatur nach zweijähriger Arbeit vollendete, wandte er sich
an den damals noch in Petersburg weilenden Prof. Jagić mit der
Bitte um Angabe der besten Werke über die russische Nomenclatur der
Naturgeschichte. Nach genommener Rücksprache mit den Professoren
der Naturgeschichte an der Petersburger Universität schickte Herr
Prof. Jagić dem Referenten den ihm als das beste Werk für die
Botanik bezeichneten Botaničeskij slovarъ von Annenkovъ, St. Peters-

burg 1878 ein, für welche Freundlichkeit dem Herrn Prof. Jagić
hiemit der verbindlichste Dank ausgesprochen wird.

Zur grossen Freude bemerkte Referent, dass die Einrichtung
des genannten botanischen Lexicons ganz analog dem für die indische
Nomenclatur beabsichtigten Plane durchgeführt ist. Beispiele würden
zu weit führen; nur soviel sei bemerkt, dass bei jeder Pflanze zunächst der lateinische Name vorangeht; hierauf folgen zahlreiche
russische Namen mit Angabe der Orte, wo sie üblich, oder der
Werke, aus denen sie entlehnt sind. An diese reihen sich die pol-
nischen, böhmischen, serbischen und wendischen Namen; diesen
werden in meinem Werke die mittel- und neuindischen entsprechen;
jeden Artikel beschliessen die deutschen, französischen und englischen
Benennungen, in der indischen Nomenclatur schlossen die deutschen,
englischen und russischen. In meiner Bearbeitung fehlen noch die
mittel- und neuindischen und die Bezeichnungen aus den modernen
Sprachen.

Drei Specimina ‚Elephant‘, ‚Mimose‘ und ‚Gold‘ wurden in der
vom Referenten im Jahre 1885 bei C. Konegen in Wien heraus-
gegebenen Biographie Vaniček’s veröffentlicht, und von dem in Gotha
erscheinenden ‚Deutschen Literaturblatt‘ (Nr. 17 vom Jahre 1886)
als ‚werthvolle Mittheilungen‘ bezeichnet.

Aus der von mir zusammengestellten Nomenclatur der Mineralogie erlaube ich mir speciell den ‚Diamanten‘ vorzulegen:

[1] *abhedya* (adj. nicht spaltbar) n*. Râj. XIII. 174. m*. Pal. —
[2] *avika* (Schaf) n*. Râj. — [3] *açani-grâvan* (Donnerkeil-Stein). Ind.
Spr. 6850. — [4] *açira* (Feuer, Sonne) n*. Râj. XIII. 174. — [5] *in-
drâyudha* (*indratâo*, Indra’s Waffe, Regenbogen). Râj. XIII. 174. —
[6] *kuliça* (Donnerkeil) Râj. XIII. 174; Ind. Spr. 1832. — [7] *dadhî-
cyasthi* (*dadhyañc* + *asthi* Dadhyañc- Knochen; *Dadhyañc* nom. prop. eines
mythischen Wesens, eines Sohnes des Atharvan) n*. Râj. — [8] *dṛdhân-
ga* (adj. einen festen Körper habend) n*. Râj. — [9] *dṛḍha* (adj. fest)
n*. Râj. XIII. 175; ist bei Böht. Roth. kürzere Fassung des Sans-
crit-Lexicon in der Bedeutung: ‚eine Art *rûpaka*‘ angegeben. —
[10] *pavi* (Donnerkeil) m*. Râj. XIII. 174. — [11] *bhârgavaka* (der Venus
geweiht) n*. Râj. XIII. 174. — [12] *bhârgava-priya* (Venus-Freund)
Çabdârth. bei Wils. — [13] *bahudhâra* (vielkantig) n*. Râj. XIII. 174. —
[14] *bhidura* (zerspaltend, Donnerkeil). Râj. XIII. 174. — [15] *maṇivara*
(das beste unter den Juwelen) n*. Bhâvapr. I. 267. — [16] *maṇîndra*
(der Fürst unter den Juwelen; wohl Diamant). Pañcar. 1. 7, 33;

vgl. *maṇirâja* Pañcar. I. 7, 49. — [17] *ratna* * (Edelstein). Râj. XIII.
174. — [18] *ratna-mukhya* (vgl. 16). Hem. 1065. — [19] *loha-jit* Erz-
besiegend, *Çabdârth.* bei Wils. — [20] *varâraka*. Hem. 1065. — [21] *vajra*
(hart wie der Donnerkeil). Râj. XIII. 174; Ak. III. 4, 25; Hem.
1065; Med.; Viçva. Shad. Br. in Ind. Stud. I. 40; Manu XI. 37.
— [22] *vajra-maṇi* (Donnerkeil-Juwel). Ind. Spr. 2950, 3321. —
[23] *vajra-sâra* (adj. hart wie der Donnerkeil) m. M. Bh. V. 3576. —
[24] *hîra*. Râj. XIII. 174. Hem. II. 479; Med. r. 109; Pañcar. I. 4,
65. — [25] *hîraka* m. n*. Ak. III. 4, 25; Trik. II. 9, 31; Hem. 1065;
Pañcar. I. 1, 79.

Râjanighaṇṭu kennt nur 14 Namen; die Ausgabe des Râjanighaṇṭu von Benares 1883 bietet im Vergleich zu Garbe's Ausgabe
des XIII. varga nichts Neues.

——— ———

Mittwoch den 29. September.
Dritte Sitzung: Vormittags 9½—12½ Uhr.
Herr Prof. R. von Roth überreicht der Section eine neue
Uebersetzung des Manu von Prof. G. Bühler.
Herr Prof. G. Bühler legt die Arbeit des Dr. Dillon vor,
unter dem Titel: ‚Vaterland und Zeitalter des Awestâ.'
Herr Prof. E. Leumann macht einige Bemerkungen über den
von Dr. Bhâṇdârkar vorgelegten Jainatext Aṅgavijjâ.
Prof. Jacobi sprach über Jainismus und Krishnacult. Ausgehend
von der Thatsache, dass der Buddha und Mahâvîra sich hauptsäch-
lich die Gründung und ‧Festigung des Mönchsordens angelegen sein
liessen, ohne für die Gemeindeordnung und die religiösen Bedürfnisse
der Laien eingehend Sorge zu tragen, erörterte er die Frage, wie
die Stellung der Laien im Laufe der Zeit eine andere, eine solche
wurde, dass aus dem ursprünglichen Mönchsorden eine Volks-, ja
eine Weltreligion werden konnte. Denn ohne eine festgegliederte
und darum zuverlässige Laiengemeinde muss jeder Orden weltflüch-
tiger Mönche baldigem Untergange entgegengehen. Die den Mönchen
angemessenen philosophischen Speculationen und ascetischen Uebungen
können nicht auch den Inhalt der Laienreligion bilden, noch bildet
die Ehrfurcht vor der Mönche reinem Wandel und Kenntniss der
höchsten Wahrheiten ein genügend festes Band der Einigung der
Laien. Sie bedürfen eines einigenden Cultus, der wiederum ohne
eigene Mythologie nicht denkbar ist. Beides besitzen nun die Jaina

seit etwa zwei Jahrtausenden. In ihren prächtigen Tempeln verehren sie ihre 24 Propheten oder Tîrthakara, deren sagenhafte Lebensgeschichte mit Legenden über andere grosse Männer zu einer grotesken, rein phantastischen Weltgeschichte verwoben sind. Wie gelangten die Jaina in diesen Besitz? Aus den Bestandtheilen und der Zusammensetzung dessen, was man Mythologie der Jaina nennen kann, lassen sich Rückschlüsse auf die Entstehung derselben machen. Denn von den 63 grossen Männern der Jaina-Mythologie verdanken nicht weniger als 27 dem Krishnacult ihr Sein; nach dem Muster von Vasudeva Krishna und Jarâsandha sind ja 9 Vasudeva, Vâsudeva und Prativâsudeva erdichtet worden. Die letzte Dreizahl spiegelt die gemein-indische Krishnalegende fast in allen Einzelheiten wieder. Sie wird mit Arishṭanemi, dem 22. Tîrthakara, in Verbindung gesetzt. Dieser ist der letzte der fingirten Propheten, da sein Nachfolger Pârçva wahrscheinlich eine historische Person ist. Die Krishnasage ist also von den Jaina adoptirt und zwar schon frühe, denn einzelne Partien derselben, sowie Bezugnahme auf sie finden sich in den heiligen Schriften, z. B. dem Antakritâṅga. Nun berichtet Megasthenes, dass der Cultus des Krishna (Heracles) und der des Çiva (Dionysos) die beiden hauptsächlichen Volksreligionen seiner Zeit waren, der erstere in der Ebene speciell bei den Çûrasena, der letztere in den gebirgigen Theilen des Landes verbreitet. Von Haus aus war Krishna, wie seine Legende in jeder Form erkennen lässt, ein Heros, der von allen Angehörigen seines Stammes und noch weit darüber hinaus göttlich verehrt wurde. Es ist natürlich, dass die Brâhmaṇa's und Çramaṇa's, welche reinere Begriffe über die höchste Gottheit erworben hatten, diese mit dem auch von ihnen seit ihrer Kindheit Tagen verehrten Stammes- und Volksgotte in Verbindung setzten, wie es in der Bhagavadgîtâ geschieht, und so der rohen Volksreligion einen ideelleren Hintergrund, sich selbst Anhang zu bereiten bemüht waren. Diese Bemühungen hatten, wie wir wissen, auf die Dauer Erfolg. In ähnlicher Weise müssen wir uns das Verhalten der Jainamönche zum Krishnacult denken. Als sich dieselben im westlichen Indien bis nach Guzerat ausbreiteten, was wahrscheinlich unter Ârya Mahâgiri und Suhastin im dritten Jahrhunderte v. Chr. geschah, gelangten sie in das Gebiet der volksthümlichen Krishnaverehrung. Wollten sie nun die Laien zur Unterstützung ihres Ordens gewinnen, so mussten sie ihnen die Verehrung ihres Stammgottes lassen, diesen aber zu einem der ihrigen stempeln. Sie thaten dies, indem sie Arishṭanemi für einen Stammes- und Zeitgenossen Krishṇa's, letzteren für einen treuen Verehrer des ersteren ausgaben. Aber so hoch sie auch Krishṇa stellten, tief unter den Tîrthakara steht er dennoch. Wegen seiner Sünden muss er, von dem Pfeile des personificirten Alters (Jarâ) getroffen, in die Hölle fahren, um dereinst in einer fernen Weltperiode als der Tîrthakara Amama wiedergeboren zu werden. In dieser Form konnte der Krishṇacult mit und neben dem Jainismus bestehen, seine Anhänger sich auch zu letzterem bekennen und ihn als höchste Wahrheit, als Weg zum ewigen Heile gelten lassen.

Diese Aufnahme der Krishṇalegende gab nun den Anstoss und das Mittel zur Ausbildung der Jaina-Mythologie. Denn durch die Verbindung mit ihr wurde der letzte in der langen Reihe der nach dem Muster der Manu's erfundenen Propheten aus einer blassen Fiction zu einer lebensvollen und populären Figur, und durch Verneunfältigung der Hauptpersonen der Krishṇalegenden wurden die leeren Zeiträume der jainistischen Weltgeschichte etwas ausgefüllt. Diese Jaina-Mythologie muss der Hauptsache nach schon ziemlich frühe ihren Abschluss gefunden haben, denn die Tradition schreibt die Composition dieser Legenden einem Kâlaka zu, der nach seiner Stellung in der Aufzählung der Kirchenväter im Ṛishimaṇḍalastotra etwa um den Anfang unserer Zeitrechnung gelebt haben muss.

An der Discussion nehmen Theil Prof. A. Weber und Herr G. A. Grierson.

Prof. Weber sprach sich dahin aus, dass die Bildung des Jainaglaubens unter dem Einfluss des heroischen Stadiums der Krishṇa-Legende, respective des Krishṇa-Dienstes stattgefunden habe, welcher zu der Zeit, respective in der Gegend beim Volke im Vordergrund gestanden haben müsse, so dass die Jaina-Priester genöthigt waren, diesen Glauben in ihre eigenen Lehrsätze zu incorporiren, um damit das Volk für diese zu gewinnen, ganz ähnlich, wie die Ausbreitung der Lehre der Avesta in einer Zeit vor sich gegangen sei, in welcher der Mithra-Dienst so volksthümlich war, dass die Anhänger Zarathustras aus gleichem Grunde die Gestalt des Mithra in ihr System aufnehmen mussten. Der Ursprung des Krishṇa-Mythus, besonders auch seine Beziehung zu dem Namen Vâsudeva, sei noch in Dunkelheit gehüllt (cf. Ind. Studien 2, 410). Professor Weber machte im Uebrigen darauf aufmerksam, dass schon Pâṇini (4, 3, 98) von Verehrern des Vâsudeva und des Arjuna (!) spreche.

Herr G. A. Grierson spricht über Hindî-Dichter, insbesondere Tulsidas.

Prof. G. Bühler legt der Section zur Unterschrift eine Resolution vor, bezüglich der Sammlung des Materials zur neuindischen Dialectologie. An der Discussion nehmen Theil Prof. A. Weber und C. G. Leland.

Prof. Weber unterstützt die Resolution, mit besonderem Hinweis auf den grossen Gewinn, der für die Prakrit-Studien, speciell für das Studium der Jaina-Legende aus solchen Sammlungen zu erwarten sei.

Die folgende Resolution wurde am 3. November 1886 an die Regierung von Indien eingesendet:

Read. — A note by Messrs. Grierson and Hoernle, supported by Messrs. Barth, Bendall, Cowell, Cust, Max Müller, Sir Monier Monier-Williams, Messrs. Rost, Sayce and Senart, proposing a deliberate systematic survey of the languages of India, nearer and further, not only as they exist at the present time, but as far back as MSS. can take us.

Proposed by Dr. G. Bühler, Seconded by Professor A. Weber, and carried by acclamation: — 'That this Section strongly urge upon the Government of India that the present is a suitable time for the commencement of this most important work.

'Just now there happens to be in India a number of scholars who have made the Vernaculars of that country their special study.

'The search for Vernacular MSS. could be conveniently united with that of Sanskrit ones, now being conducted by officers of Government, who might be requested to spend a fixed proportion of their funds on Vernacular MSS.

'The Survey of the Vernaculars as they exist at present could be carried out by the subordinate officers of the Education Departments with the least possible expenditure of trouble and money. They should be in each Presidency or Province under the supervision of one or more skilled specialists, who would, no doubt, in many cases, give their services voluntarily.'

Prof. R. von Roth überreicht ein französisches Gedicht von Bellin, gedichtet zu Ehren des Orientalisten-Congresses.

Herr L. de Milloué liest seinen Vortrag über den Vrishabha-Mythus.

Donnerstag den 30. September.

Vierte Sitzung: Vormittags 9½—12¼ Uhr.

Herr Capt. Temple macht eine Mittheilung über den Werth der ‚Hîr Rânjhâ von Wâris Shâh‘ als einem Denkmale der Panjâbi-Sprache.

Herr J. M. Grandjean spricht über den Ursprung der tonlosen Explosivlaute in den indogermanischen Sprachen.

Prof. R. von Roth spricht über Veda-Exegese und einen eigenthümlichen Fall von Abfall der Casusendungen aus euphonischen Gründen. An der Discussion nehmen Theil die Professoren G. Bühler, A. Weber, A. Ludwig und R. von Roth.

Prof. Weber bemerkt, dass der ‚supâm suluk‘ der indischen Grammatiker auch in der Avesta wie in der Prâkrit-Literatur eine grosse Rolle spiele.

Prof. H. Schuchardt überreicht im Auftrage des Prof. G. Ascoli in Mailand dessen neue Schrift ‚Due recenti lettere glottologiche e una poscritta nuova‘. Zugleich vermittelt er das Bedauern Ascoli's, dass er dem ihm und Joh. Schmidt auf dem Berliner Congresse ertheilten Auftrag bezüglich des Vorschlages zu einem Transcriptionssystem nicht habe nachkommen können. Hiezu sprechen die Professoren R. von Roth und A. Weber.

Prof. Weber wies auf die grossen Schwierigkeiten, ja die Unmöglichkeit hin, zu einer Verständigung über ein gemeinschaftliches System der Transcription zu gelangen, und beantragt daher, den beim Berliner Congress Seitens der Section den Herren Ascoli und Joh. Schmidt ertheilten diesbezüglichen Auftrag zu cassiren.

Prof. G. Bühler legt einige von Dr. G. Leitner eingesendete Photographien vor, sowie ein Specimen von Mr. J. Fleet's drittem Bande des ‚Corpus inscriptionum Indicorum‘ nebst den Tafeln zu diesem Werke.

Herr Capt. Temple bemerkt hiezu:

With reference to what has fallen from Dr. Bühler about Mr. Fleet's work regarding the Guptas, I would like to bring further to the notice of this section the fact that the Government of India has felt itself obliged to discontinue his appointment as Epigraphist.

It seems to me personally that this is a great pity and I trust I have the feeling of this section with me in proposing a resolution that a representation be made to the Government of India as to the great value to research generally of the existence of such an officer as Epigraphist to the government.

As to the services of Mr. Fleet while in this office towards the improvement of our knowledge of Indian history and as to his great position as a Sanskrit scholar I need hardly say anything to those assembled here who know his work so well that I trust I have the concurrence of this section in hoping that should the Government of India lend a favorable ear to our advice and revive the post of Epigraphist it will bear in mind the eminent and successful services he has already rendered it.

Prof. Weber trat dem Vorschlage bei, indem er zugleich seiner lebhaften Bewunderung für Alles, was in den letzten Jahren auf dem Gebiete der indischen Inschriftenkunde geschehen sei, Ausdruck gab.

Hierauf wird folgende Resolution der Arischen Section des Congresses vorgelegt:

With reference to the remarks of Dr. Bühler and Capt. Temple regarding the importance of continuing epigraphic researches in India it was

Proposed by Dr. Kielhorn and seconded by Prof. Weber and Mr. Bendall and resolved

That this section begs strongly to recommend to the notice of the Right Honble the Secretary of State for India the importance to students of Oriental History and Philology, both European and Indian, of the existence of such an office as that of the Epigraphist to the Government of India and that it earnestly hopes for its speedy revival.

In passing this Resolution the section trusts that the excellent results obtained and the high merits displayed by Mr. Fleet, while holding the post, will not be overlooked.

(Mit Schreiben des Secretary of State vom 26. Jänner 1887 wurde die Bitte der Section aus financiellen Gründen abschlägig beschieden.)

Dr. A. Stein spricht über ‚Hindu-Kush und Pamir in der iranischen Geographie‘.

Prof. E. Kuhn spricht über die indischen Dialecte des Hin-
dûkûs-Gebietes. Dieselben bilden nach ihrem Wortschatz wie nach
ihrem Lautsystem eine besondere Gruppe innerhalb der modernen
arischen Sprachen Indiens und zerfallen ihrerseits in eine östliche
und eine westliche Gruppe, die unter andern durch die verschiedene
Behandlung der alten Consonantenverbindungen charakterisirt sind.
Zu der westlichen Gruppe gehört auch die Zigeunersprache, welche
in ihrem Wortschatz bald zu diesem, bald zu jenem Dialect specielle
Beziehungen aufweist und demnach wohl auf eine Mischung mehrerer
Dialecte zurückzuführen ist.

An der Discussion nehmen Theil: G. A. Grierson, Prof. Hunfalvy, Dr. Burkhard und C. G. Leland.

Anknüpfend an die von Prof. E. Kuhn am Schlusse seines Vortrages ,über die Verwandtschaftsverhältnisse der indischen Dialecte
in Hindu-Kush' gemachte Bemerkung ,es wäre wünschenswerth, dass
Prof. Bühler eine Kâçmîrî-Grammatik veröffentliche', erklärt Dr.
Burkhard: ,er beschäftige sich seit einiger Zeit mit der Kâçmîrî-
sprache und arbeite eben an einem Glossar; Prof. Bühler habe ihm
mit grösster Bereitwilligkeit seine sämmtlichen kâçmîrischen Manuscripte zur Verfügung gestellt, und so sei er gesonnen sich, soweit
es eben seine leider sehr beschränkte Zeit gestatte, weiter mit
dem Kâçmîrischen zu beschäftigen'.

Dr. J. Hanusz übermittelt die Einladung des hochw. General-
abtes der Wiener Mechitaristen-Congregation P. Dr. Ajdynian zur
Besichtigung der Handschriften-Sammlung, sowie der Bibliothek der
Congregation.

Herr C. G. Leland liest seinen Vortrag über den Ursprung der
Zigeuner. An der Discussion nehmen Theil: Dr. R. Cust, M. Macauliffe,
Capt. Temple, G. A. Grierson, Prof. A. Weber und Prof. E. Kuhn.

Dr. Cust gibt Folgendes als den Inhalt seiner Bemerkungen:
Mr. Leland the celebrated Romany Scholar remarked in his paper,
that he had heard that there were tribes still existing in the Panjab,
who spoke the Rómany as their mother-tongue. I remarked that I
was intimately acquainted with the people of the Panjab, and had
carefully studied the linguistic details of the last Census 1882, and
I could not in any way support Mr. Leland's theory. It was possible
that wandering tribes used an argot, or fictitious thieves' jargon among
themselves, but none spoke a language such as the Romany as their
mother-tongue.

Prof. E. Kuhn will nicht in Abrede stellen, dass ausgewanderte Jats das Ihrige zur definitiven Ausbildung des zigeunerischen Volksthums beigetragen haben, vermag aber von einem Einflusse derselben auf die Sprache der Zigeuner keine sicheren Spuren zu entdecken.

Mr. Macauliffe with reference to Mr. Leland's paper said he thought there were grounds for believing the Gipsies were the Indian Nats who practise jugglery, and are, perhaps, the most migratory in their habits of all Indian tribes.

He had met a gang of Nats at the Fairs of Sakhi Sarwar on the Biluch frontier. They said they had come from Southern India, and in reply to this enquiries where they would be on the occasion of the next yearly fair, they replied that God only knew, as they travelled everywhere regardless of religion and nationality. Though professing to have come from Southern India, there is very little doubt that they knew no home. Their speech appeared to be a mixture of Indian dialects, and their habits forbade their dwelling long in any one locality. In their visits to Kábul and Persia they would no doubt adopt Kabuli and Persian words; and in their sojournings further to the west, they would adopt the vocables of the countries through which they possed, the basis of their speech remaining the same, viz, an Indian conglomerate. Mr. Leland's researches showed that a large number of gipsy words were Indian, and several were Persian. These would, of course, have been brought to Europe by some Indian tribe which would have followed the Musulman troops ever the liberal patrons of oriental acrobats and jugglers, and would have accompanied the Turks into Spain and Austria in their invasions.

The Pernis are another very adventurous tribe, and are quite capable of extending their migrations to Europe. They too would have been patronized by the Turkish Armies even to a far larger extent that the Nats, and could easily have found their way to the west, but where as among the Nats the men are the jugglers and acrobats, among the Pernis physical feats of skill are performed by the women. Several parts of their performance resemble the Pyrrhic dance of the ancient Greeks. The women like the gipsies are not remarkable for their chastity; but it is doubtful whether they ever, pretended to tell fortunes; and theft is not generally associated with their names.

Another probable origin of the gipsies is the race of Indian Doms. These too are a very migratory, unsettled people who in respect of fortune-telling, child-stealing, thieving, and wandering, bear a great analogy to the gipsies. It seems, however, so far doubtful whether their Hindú prejudices and a certain timidity of nature would have allowed of their migrations to Europe in sufficient numbers to establish such large ubiquitous gangs of gipsies as are to be found at present in the West.

On the whole, so far as his present information and experience of Indian tribes went, Mr. Macauliffe considered the Nats had a good claim to be considered the ancestors of the European gipsies. The enquiry was interesting, and, as Mr. Leland said, some one acquainted with India who possessed sufficient leisure may be able to lead the curious enquiry to a certain and satisfactory result.

Freitag den 1. October.

Fünfte Sitzung: Vormittags $9^1/_2$—$11^1/_2$ Uhr.

Dr. R. Rost überreicht die ersten beiden Druckbogen des ‚Descriptive Catalogue of the Sanskrit MSS. in the Library of the India Office‘, und nachdem er die Gründe auseinandergesetzt, warum dieses umfangreiche Werk erst jetzt zum Druck gelangt sei, sprach er die Hoffnung aus, über den rüstigen Fortgang desselben beim nächsten Congress berichten zu können.

Herr E. Guimet überreicht den Vortrag des Herrn Senâthi-Râjâ ‚Vestiges des anciens Dravidiens‘.

Dr. W. Cartellieri [1]) liest seinen Vortrag über Subandhu und Bâṇa. An der Discussion nimmt Theil Prof. F. Kielhorn.

Prof. F. Müller erklärt einige Stellen aus dem Avesta. An der Discussion nehmen Theil Prof. R. von Roth und Dr. Stein.

Dr. M. A. Stein (Budapest) bemerkt in Bezug auf die von Prof. Fr. Müller vorgeschlagene Lesung von *zemô* statt *remô*, Yaçna XXIX, 1, dass diese Aenderung durch das Metrum doch nicht mit Sicherheit gefordert erscheint, da sich aus den Gâthâs noch weitere Belege für einen Sandhi anführen liessen, wie er zwischen *remô* und dem folgenden *ahishyâ* angenommen werden könnte. Falls letzterer besteht, fällt der Einwand gegen die zweisilbige Geltung von *remô*.

---

[1]) Dr. Cartellieri's Vortrag wurde im I. Bande der Wiener Zeitschrift für die Kunde des Morgenlandes veröffentlicht.

Dr. Stein bestreitet ferner, unter Hinweis auf *hisku*, die Noth-
wendigkeit der Aenderung von *(â)hishyâ* in * *(â)hushyâ*, auch wenn
die von Prof. Müller vorgeschlagene Bedeutung ‚Dürre' für das Wort
acceptirt wird.

Herr M. Macauliffe spricht über die Entdeckung einer Handschrift, welche über Baba Nanak, den Gründer der Sikh-Religion,
Aufschluss gewährt.

Dr. J. Hanusz spricht über die polnisch-armenische Mundart
von Kuty in Galizien und behandelt speciell die Lautlehre derselben.[1])

In der Abwesenheit des Dr. J. Thumajan überreicht Dr. J.
Hanusz dessen für den Congress bestimmten Vortrag: ‚Die Geschichte
der classisch-armenischen Schriftsprache.'

Im Auftrage des Hochwürdigen Generalabtes Dr. A. Ajdynian
überreicht Dr. J. Hanusz einige Druckwerke der hiesigen Mechitaristen-Congregation.

Samstag den 2. October.

Sechste Sitzung: Vormittags 9—10$^1/_2$ Uhr.

Dr. M. Winternitz liest seinen Vortrag: ‚Ueber die Śrâddhas und
den Todtencult bei den Indogermanen.' An der Discussion nimmt
Theil Prof. Knauer.

Prof. Weber theilt mit, dass Prof. Romeo Seligmann jetzt die
Uebersetzung von Abu Mansur Muwaffar's ‚Liber fundamentorum phar-
macologiae', dessen Text von ihm schon 1859 mit sehr eingehenden
und höchst werthvollen Prolegomena veröffentlicht worden ist, voll-
endet und druckfertig habe, und fügt hieran einige Bemerkungen
über die hohe Bedeutung dieses Werkes sowohl nach seiner sprach-
lichen Seite hin (als eines der ältesten Denkmäler des modernen
Persischen, da es ja noch einige Jahrzehnte älter sei, als das Shâh
Nameh), als auch vor Allem für die Geschichte der indischen Medicin,
deren Ansprüche hierdurch, der gegentheiligen Vermuthung von Haas
gegenüber fest fundamentirt seien.

Prof. C. P. Hasdeu hält seinen Vortrag über die türkischen
Elemente im Rumänischen:

La Roumanie peut être bien fière d'être par deux fois l'objet
des discussions au sein du Congrès des Orientalistes, et c'est à juste

----

[1]) Der Vortrag des Herrn Dr. Hanusz ist veröffentlicht in Band I—III
der Wiener Zeitschrift für die Kunde des Morgenlandes.

titre, car l'Occident finit à Vienne, mais c'est à Bucarest que débute l'Orient; entre Vienne et Bucarest oscille une zone de fluctuation.

Tout d'abord, M. Hunfalvy s'était proposé de prouver devant vous que le berceau de la nationalité roumaine est dans les Balkans et que c'est à peine vers la fin du Moyen-âge que cette nationalité commence à s'établir au Sud du Danube. Je regrette que M. Hunfalvy ne nous ait lu que l'introduction d'une longue monographie destinée à figurer *in extenso* dans le Bulletin du Congrès. Je regrette plus vivement encore de ne pouvoir partager la théorie de mon vénérable ami, théorie déjà soutenue autrefois par Sulzer et Rösler, sur les rapports de filiation entre la branche daco-roumaine et la branche macédo-roumaine de la gent thraco-latine. Au cours même de la lecture du mémoire de M. Hunfalvy, je me suis permis de poser à l'auteur une objection, un problème à résoudre en la matière, et M. le professeur Alfred Ludwig lui a, de son côté, présenté une seconde observation. Les deux questions tendaient à ébranler les fondements mêmes de la théorie exposée. M. Hunfalvy n'a répondu ni à l'une ni à l'autre. Quand on veut, cependant, démontrer qu'il n'y a pas eu de Roumains dans la Dacie Trajane durant la longue période du Moyen-âge, quand on soutient que leur nationalité s'est formée en Bulgarie et non dans les Carpathes, quand on prétend, enfin — ainsi que le font les champions de la théorie dite röslerienne — renverser un credo séculaire, il faut absolument, ce me semble, être prêt à combattre victorieusement et à tout instant les moindres objections qui peuvent surgir. Les éluder ou passer outre c'est commode assurément, mais c'est commode comme la fuite en pleine bataille.

M. Hunfalvy a toutefois parfaitement raison de reconnaître que les Roumains en général ont toujours mené au Moyen-âge une vie pastorale, et il touche entièrement juste en disant que ce n'est que par l'étude de la langue que l'on peut arriver à une solution sérieuse concernant l'histoire des Roumains, les textes à cet égard faisant défaut ou étant insuffisants. Mais s'il est vrai que les Roumains étaient pasteurs, il n'est pas moins certain que les bergers roumains ne montent jamais du Sud au Nord; tout au contraire, ils descendent systématiquement du Nord au Sud à la recherche de meilleurs pâturages. C'est ainsi que depuis longtemps ils ont pénétré jusqu'au fond de la Grèce d'où ils ne remontent plus. C'est là une tendance naturelle aux bergers de tous les temps et de tous les lieux. Voilà un principe qui contrarie singulièrement la théorie de M. Hunfalvy. D'autre

part, s'il est vrai que le verdict de langue soit, seul, souverain, il
n'est pas moins incontestable que : des deux dialectes, celui qui n'a
jamais changé de place, fixé dans les mêmes conditions climatériques
et de voisinage, se développe le mieux, tandis que le dialecte qui
se déplace subit nécessairement des dérangements de toutes sortes.
Or, le dialecte daco-roumain est de beaucoup plus normal, plus or-
ganique, plus conséquent dans son développement, qui se produit
parallèlement à l'italien, que le macédo-roumain qui nous apparaît,
en tout, comme entravé et arrêté dans sa marche. Voilà encore un
principe inconciliable avec la théorie de M. Hunfalvy.

C'est, du reste, le daco-roumain seul, ou roumain proprement
dit, qui nous intéresse pour le moment, et encore n'est-ce qu'au point
de vue des éléments turcs qu'il contient. Je laisse donc tout à fait
de côté la thèse de M. Hunfalvy, thèse diamétralement opposée aux
vues que j'ai depuis longtemps exposées dans mon ,Histoire critique
des Roumains‘, et je me hâte d'entrer en matière.

Par ,éléments turcs en roumain‘ on entend les ,mots turcs‘, car
sous le rapport phonétique et morphologique, sous celui de la syntaxe
et de la sémasiologie, le turc, pas plus que le néo-grec, le magyar
et le slave, n'a absolument exercé aucune action sur le roumain, exception faite tout au plus de l'introduction de quelques suffixes comme
—giŭ, —lik, etc. Il s'agit donc des mots turcs en roumain, et pas
d'autre chose. Ces mots, ces éléments purement lexiques ont été successivement recueillis par :

Rösler, Die griechischen und türkischen Bestandtheile im
Rumänischen, Wien, 1865;

Cihac, Éléments turcs, dans le 2e volume de son Dictionnaire
d'étymologie daco-roumaine, Francfort, 1879;

Miklosich, Die türkischen Elemente in den südost- und ost-
europäischen Sprachen, Wien, 1884.

Le plus récent travail de ce genre est celui de mon excellent
élève à l'Université de Bucarest, M. Shaïnéno, qui a bien voulu me
le dédier : Elemente turcesci in limba română, Bucarest, 1885.

Tous ces ouvrages, plus ou moins complets, ont en commun les
mêmes défauts. Je crois qu'il importe beaucoup de les signaler dans
cette notice, vu que ces défauts ont rapport à la méthode, et que ce
n'est que par la méthode que la linguistique s'est élevée au rang
d'une science presque positive.

Dans toute langue l'étymologie d'un mot emprunté à l'étranger est instructive surtout au point de vue de l'histoire politique ou culturale et de la psychologie du peuple auquel le mot est prêté. Il en résulte le devoir impérieux de fixer d'une manière positive, d'un côté, la chronologie et la géographie d'un tel mot — c'est-à-dire l'époque et le lieu de son introduction — d'autre part, son degré de circulation pour savoir s'il est devenu d'un emploi général ou seulement provincial, sporadique ou strictement littéraire, et enfin les modifications de sens, les différentes nouvelles applications sémasiologiques qu'il a subies dans sa nouvelle patrie. Quand on nous donne, par exemple, un mot slave en roumain, la science n'y gagne absolument rien si l'on n'indique pas la provenance ancienne ou moderne de ce mot, en constatant qu'il est paléo-slave, bulgare, serbe, polonais ou russe, qu'il a subi tel ou tel changement de signification, qu'il a remplacé tel ou tel mot indigène ou a comblé tel ou tel vide.

Tout cela, chronologie et géographie des mots, l'indication de leurs vicissitudes sémasiologiques et leur circulation relative, manque presque entièrement dans tous les traités sur les éléments turcs en roumain.

On compte jusqu'à 1500 mots turcs dans la langue roumaine. Mais pour la plupart, et c'est la très grande majorité, ils n'appartiennent pas au langage du peuple, qui ne les a jamais employés que comme termes turcs non naturalisés, soit par politesse ou par bon ton, alors que le pays était lui-même une province ottomane et que les anciens *Domni* étaient réduits au rang de *beys*. Il en est beaucoup d'autres que l'on ne rencontre qu'au XVIIIe siècle, dans quelques textes relatifs à la Turquie. Doit-on les considérer comme des mots roumains d'origine turque? Dans ce cas, il faudrait admettre comme mots français toute la terminologie bédouine que l'on trouve éparpillée dans des écrits plus ou moins spéciaux sur l'Algérie.

Parmi les autres éléments turcs en roumain, ceux qui sont devenus vraiment populaires, il en est bon nombre qui, étudiés comme fond et non seulement comme matière, nous paraissent phonétiquement et morphologiquement turcs, et cependant sont tout à fait roumains, ou même romans, par leur signification. En voici un exemple. Le mot roumain *abraș* ou *iabraș* (cheval arzel) est exactement le turc *ebraș* d'origine arabe. Mais en roumain il signifie aussi, et même principalement, quelqu'un ou quelque chose de *mauvais augure*, de *malheureux*, de *malencontreux*, signification qu'il n'a nulle part ni en turc

ni en arabe. En France, ,les cavaliers superstitieux ne montent jamais
des chevaux arzels un jour de combat, ils les croient infortunés'
(Rolland, Faune popul. IV, 162). En Italie, ,il caval arzeglio è
disastroso' (Böhmer, Roman. Stud. I, 277). En Espagne, le terme
argel s'applique en même temps au cheval balzan et à un être
infortuné. Ainsi le mot roumain *abraș* est turc par sa matière, oui,
mais il est décidément roman par son fond, par la notion figurée
qu'il exprime.

Enfin, le défaut capital de tous les travaux publiés jusqu'à présent sur les éléments turcs en roumain, c'est de ne pas faire de
distinction entre turc et turc. De prime abord on pourrait facile-
ment croire que ces éléments appartiennent en totalité à l'osmanli,
c'est-à-dire au turc κατ' ἐξοχήν, tandis qu'au contraire il en est beaucoup qui sont bien antérieurs à l'apparition des Osmanlis dans la
péninsule balcanique. Le mot *cioban* (berger), par exemple, est turc,
d'origine persane; il est certain, cependant, que ce n'est pas par les
Osmanlis qu'il s'est faufilé dans le roumain, mais bien par les no-
mades tartares du Moyen-âge qui l'ont également donné au petit-
russien et au polonais, tandis que par l'intermédiaire du roumain il
est passé dans le serbe, dans le bulgare et de là plus loin. A côté
de *cioban*, le roumain a conservé deux synonymes latins : pěcurar
= pecuarium et păstor = pastorem. Ce sont les guerriers Osmanlis,
guerriers et non bergers, qui, à leur entrée en Europe, ont fait connaissance avec les bergers roumains.

Un autre exemple beaucoup plus intéressant. Le mot roumain
cocióbă (bicoque, chaumière) que M. Cihac voulait à tout prix faire
dériver du slave, est de point en point le djagataï *köci-oba*, ayant
le même sens et qui ne se trouve pas du tout dans l'osmanli.

Depuis les Huns et les Avares, un grand nombre de tribus
touraniennes, les unes appartenant à la branche finnoise, les autres
à la branche turque, se sont successivement emparé des pays qui
forment la Roumanie d'aujourd'hui. Si les Roumains, c'est-à-dire les
Daco-Roumains, habitaient alors ces pays, comme je le crois, moi,
mais comme ne veut pas le croire M. Hunfalvy, il devrait en rester
quelques traces dans la langue roumaine. Les Pétchénègues et surtout
les Comans, qui parlaient des dialectes turcs, ont séjourné en Roumanie durant plusieurs siècles. Le dialecte des Pétchénègues nous
est, malheureusement, presque inconnu. Quant aux Comans, au contraire, nous possédons, sur leur dialecte, un véritable trésor découvert

autrefois par Klaproth et dont M. le Comte G. Kuun a donné une ex-
cellente édition critique : Codex Cumanicus Bibliothecae ad templum
Divi Marci Venetiarum (Pest, 1880) et Additamentum ad Codicem
Cumanicum, 1883.

Y a-t-il des mots comans dans le daco-roumain? S'il y en a,
ce n'est pas au delà du Danube qu'ils ont été empruntés, car les
Comans n'y ont jamais fait en masses compactes que de bruyantes
incursions; c'est au nord du grand fleuve qu'ils étaient solidement
établis pendant les XIe et XIIe siècles. Au XIIIe siècle ils commencent à disparaître. C'est donc d'une époque antérieure que doivent
dater les éléments comans dans le roumain, s'il y en a.

Je citerai un seul exemple, un seul, mais tellement positif, tel-
lement caractéristique qu'il serait impossible d'en contester l'évidence.
Le mot *aslam* n'existe plus en roumain. Au XVIe siècle et même au
XVIIe il n'était pas rare. Voici quelques textes :

Dans le Psautier manuscrit de Şcheia, datant du milieu du
XVIe siècle (Bibliothèque de l'Académie Roumaine) XIV, 5, on lit :

. . . argintul său nu déde într'*as-lamu*	. . . pecuniam suam non dedit ad usuram . . . . .

Le même passage dans l'ancien Psautier manuscrit, offert par
M. Démètre Stourdza à l'Académie Roumaine, porte : ,pénegii săi
nu-i dâ într'*aslam* . . .'

De même le Psautier slavo-roumain de l'archevêque Dosithée,
Jassy 1680, dit : ,arginţii săi nu-i déde într'*aslam* . . . . .' en face
du contexte slave : ,srebra svoego ne dastŭ vŭ lichvâ . . .'

Dans le Psautier manuscrit d'Arsène de Bisséricani (Bibl. de
l'Acad. Roum.) ce mot nous apparaît trois fois :

Ps. LIV : Nu se mai împuţinéză din calîa ei *aslamul* şi înşelăcîunia . . .	. . . Non deficit de plateis ejus usura et dolus . . . .
Ps. LXXI : de *aslamuri* şi de ne-dereptâţi va izbâvi . . .	. . . ex usura et iniquitate redimet . . . .
Ps. CXVIII : plécâ inima mîa întru mărturiile tale, îarâ nu într'*aslam* . . .	. . . inclina cor meum in testimonia tua et non in avaritiam . . . .

Dans l'Homiliaire de l'archevêque Barlaam, Jassy 1643, le mot
aslam figure deux fois :

Matth. XXV, 27 : şi déc'am venit eu, aş lua al mieu cu *aslam* . . .	. . . et veniens ego, recepissem utique quod meum est cum usura . . .

Dans un autre passage, f. 16 b, avec le même sens : ‚nede-
reptâţile, *aslamurile*, asuprélele . . . . .‘

Aslam signifie donc ‚usure‘. Or, ouvrez le Codex cumanicus du
comte Kuun à la page 85 et vous y trouverez : ‚*astelan*, usura‘; à
la page 101 : ‚*astlanci*, revenditor‘.

La racine *as* ‚gagner‘ et même le thème *ast* ‚gain, avantage‘
existent dans plusieurs dialectes asiatiques de la famille turque (Vámbéry, Etym. Wörterb. d. turko-tat. Spr., 19); mais le mot *astlan*
‚usure‘ ne se trouve ni dans l'osmanli, ni en ouigour ou en djagataï,
ni dans aucune autre langue altaïque connue; il est exclusivement
coman. Sa présence dans le roumain est très significative, et ce n'est
certes pas d'après la théorie de M. Hunfalvy que l'on peut s'en rendre
compte.

La notion de l'usure est purement juridique. Ce n'est que par
la persistance d'une influence législative ou administrative qu'une
langue peut prêter à une autre un terme pour exprimer une notion
analogue. C'est ainsi que le latin judiciaire du Moyen-âge a donné
aux Magyars *uzsora* ‚usure‘; c'est ainsi que les Roumains et les Slaves méridionaux ont reçu par le droit byzantin le mot *kamata* =
κάματος; c'est ainsi que, sous la domination des Goths, les anciens
Slaves ont nommé l'usure *lichva* = goth. *leihvan*. Le mot *aslam* ‚usure‘
indique un rapport très intime entre les Roumains et les Comans, à
l'époque de la prépondérance politique de ces derniers sur la rive
gauche du Danube.

Je conclus donc en insistant ici sur la nécessité de soumettre
à une nouvelle étude, basée sur d'autres principes que par le passé,
les éléments turcs dans la langue roumaine. Je ne dis rien des éléments grecs, slaves et magyars, qui ont été étudiés jusqu'ici d'une
manière encore moins satisfaisante. Ce n'est que par des recherches
vraiment scientifiques sur les éléments d'emprunt dans le roumain,
recherches dégagées de toute préoccupation diplomatique et de toute
tendance soi-disant patriotique, que l'on parviendra à éclaircir beaucoup de points obscurs ou controuvés de l'histoire roumaine et à jeter
une vive lumière sur la psychologie populaire des Latins d'Orient.
Tout ce qui n'est pas turc, grec, slave ou magyar, tout ce qui ne
provient pas de quelque autre source, de moindre importance, sera
reconnu comme appartenant aux origines mêmes de la nationalité
roumaine, origines partie italiques et partie thraciques.

Prof. M. Straszewski liest seinen Vortrag: ‚Ueber die Entwicklung der philosophischen Ideen bei den Indern und Chinesen.'

Im Auftrage des Dr. S. Papageorgios erklärt Dr. J. Hanusz,
dass derselbe seinen Vortrag über die Kutzowallachen zurückzieht.

Prof. R. G. Bhândârkar recitirt ein Gelegenheitsgedicht in der
Sanskrit-Sprache:

पौरस्त्यानां जनानां निरतिशयमपि स्वात्मतो भेदभाजां
भाषाविद्याकलानामधिगमविषये संततं सप्रयत्नाः ।
येनान्योन्यं समेताः समुचितवचनैर्बोधयन्त्येवमेते
सोऽयं सौदर्यभावो जगति विजयते मानुषत्वानुबन्धी ॥ १ ॥
नानादिग्देशसंस्थान्प्रथितबुधजनान्संगतान्वीनिपुर्या-
मास्त्रियाभूतोऽस्यां नृपमुकुटमणौ राजधान्यां समीच्य ।
वैदेहस्याश्वमेधे पुरवरमिथिलामाश्रितं पुण्यसंघं
ब्रह्मज्ञानामृषीणां सकलसुरनरैर्वन्दितानां स्मरामि ॥ २ ॥
अश्वत्थो भवति बूलररूपः
याज्ञवल्क्य इव वेबररोटी ।
शाकलः किल सर्वेत्किलह्नानों
यः कहोड इति सोच च योलिः ॥ ३ ॥
गार्गी वाचक्नवींवेडा पुरंध्री प्रतिभाति मे ।
ग्रन्थावलोकनं यस्या जीवस्यालम्बनं महत् ॥ ४ ॥ .
अन्यान्बुद्धिगरोत्स्याकुबिमुखान्न्येच तांस्तानृषीन्
सर्वे तत्त्वविदः श्रुतिस्मृतिपरा ज्ञानैकबद्धस्पृहाः ।
शङ्के तिष्ययुगप्रभावजनितं गाढं तमः सर्वतो
दूरीकर्तुमुपस्थितः सकरुणः सोऽयं सुनीनां गणः ॥ ५ ॥
समतीत्य वराकीहं गिरिवनवार्धीन्सभामिमां प्राप्तः ।
प्रेम्णा पाशैर्बद्धा वयं च देशाश्च नो भवेयुरिति ॥ ६ ॥
आर्यावर्तनिवासिषु तद्विद्वादर्शितादराम्भवतः ।
सौहार्दं याचेहं विशुद्धरूपं तथा च मयि ॥ ७ ॥
राष्ट्राणां स्नेहभावाय विग्रहस्य शमाय च ।
कल्पतामीदृशी संसन्मनुजानां च भूतये ॥ ८ ॥

Prof. A. Ludwig dankt dem Präsidium der Section mit folgenden Worten:

Es ist mir der ehrenvolle Auftrag geworden, dem Präsidium
den Dank der Section auszusprechen.

Die arische Section des Internationalen Congresses der Orien-
talisten ist einmüthig, den Mitgliedern des Präsidiums zu danken
für die unermüdliche, unparteiische und sachgemässe Leitung der
Verhandlungen, und sieht eben darin nur eine kurze Episode in dem
unbestreitbaren allgemein anerkannten Präsidium derselben auf dem
Gebiete der arischen Forschungen, eines Präsidiums, das seit einer
Generation dauernd ihnen von Niemand mit Aussicht auf Erfolg, auf
Ehre oder Vortheil für sich wird bestritten werden können.

Prof. A. Weber bedankt sich im Namen des Präsidiums.

Auf Vorschlag des Prof. G. Bühler wird der Dank der Section
auch den Schriftführern votirt, worauf Prof. A. Weber die Sitzungen
der arischen Section für geschlossen erklärt.

Afrikanisch-egyptische Section (III).

Montag den 27. September: Eröffnung der afrikanisch-egyptischen Section durch Prof. L. Reinisch.

Zum Präsidenten wird gewählt: Eduard Naville; Herr Prof. Dümichen wird zum Vicepräsidenten vorgeschlagen, schlägt aber die Wahl wegen der Kürze seines Aufenthaltes in Wien aus; darauf fällt die Wahl auf Herrn Prof. Dr. Lieblein. Zum Secretär wird Dr. A. Lincke gewählt.

Erste Sitzung: Dienstag den 28. September, Vormittags 9½ bis 12½ Uhr.

Es legen Bücher vor die Herren:

Prof. Reinisch, ‚Die Bilinsprache‘ II. Theil.

Giov. Colizza ‚Lingua 'Afar‘ (Vienna 1887).

Es tragen vor die Herren:

M. Beauregard über ‚Le collier de mérite pour l'aménagement des herbes fourragères‘.

Prof. Eisenlohr: ‚Ueber eine Reihe egyptischer Papyrusrollen, welche von der Beraubung von Königsgräbern handeln‘.

Prof. Lieblein: ‚Ueber das Wort „nahas", das er mit dem äthiopischen Titel „negus", „König" zu identificiren versucht‘. An der Debatte betheiligen sich die Herren Prof. Eisenlohr, Dümichen, Reinisch, Baron v. Bach, Dr. Krall und Redner selbst.

[Dieser Vortrag weiter ausgeführt in: Handel und Schiffahrt auf dem rothen Meere in alten Zeiten, Christiania 1887.]

M. Cope Whitehouse: ‚Ueber die Niederlassung der Söhne Jakobs im Fayum, besonders nach Genesis cap. 39‘.

Dr. Pleyte: ‚Ueber egyptische Kunstdenkmäler im Museum zu Leyden‘.

Capt. Grimal de Guiraudon: ‚Sur le système des langues nègres en Afrique et sur les Puls et quelques autres peuplades de l'Afrique occidentale‘.

Mittwoch den 29. September.

Zweite Sitzung: Vormittags $9^1/_2$ Uhr.

Es tragen vor:

Miss A. Edwards: ‚On the dispersion of the monuments found in newly discovered cimeteries‘. (Lauter Beifall.) M. Cope Whitehouse nimmt an der Discussion Theil.

M. Guimet macht eine kurze Mittheilung im Namen des M. Léfébure über ‚Chiromancie‘.

Prof. Dümichen legt Inschriften, vier von ihm entworfene Karten von Memphis und den dabei liegenden Nekropolen vor und spricht über einen räthselhaften Text in Dendera. An der Discussion betheiligen sich Herr Prof. Eisenlohr und der Redner.

Dr. Krall legt im Namen der Museumsverwaltung allen Mitgliedern das I. und II. Heft der ‚Mittheilungen aus der Sammlung des Papyrus Erzherzog Rainer‘ vor. Er spricht sodann über den egyptischen Namen Josephs, Psonthomphanech. An der Discussion betheiligen sich M. Cope Whitehouse, Ritter v. Bergmann, Rev. W. H. Hechler und Redner selbst.

Der Präsident spricht den Dank der Versammlung an Se. kais. Hoheit Erzherzog Rainer aus.

Prof. Lieblein spricht über: ‚Eine Pun-phönikische Handelscolonie in Egypten‘.

M. Cope Whitehouse gibt eine Mittheilung: ‚Sur la topographie des Pyramides‘.

M. Naville legt der Versammlung die drei Bände seiner Ausgabe des ‚Egyptischen Todtenbuches der 18. bis 20. Dynastie‘ vor, mit welcher er vom Congress zu London beauftragt worden war; er knüpft daran einen ausführlichen Bericht über den Umfang und die Methode seiner Arbeit.

Auf Antrag des Herrn Dr. Pleyte erklärt die Section im Namen der Wissenschaft Herrn Naville ihren Dank für sein Werk.

Nachdem M. Cope Whitehouse dem Präsidenten für die Füh-
rung der Verhandlungen seinen Dank ausgesprochen hat, erklärt Herr
Naville die Sitzungen der Section für geschlossen.

———

Samedi, 2 octobre.
Séance extraordinaire, avant-midi 9 heures et $^1/_2$.
Président: M. Naville.
La section africaine a visité la magnifique collection de papyrus
du Fayoum appartenant à S. A. I. et R. l'archiduc Rénier. Dans
cette collection se trouvent environ 500 papyrus en écriture dite
‚méroïtique‘ qu'on n'est pas encore parvenu à déchiffrer.
. La section émet le vœu que M. le Dr. Krall soit chargé
d'entreprendre la publication des papyrus ‚méroïtiques‘ avant ceux
qui appartiennent à d'autres langues égyptiennes, de manière à ce
qu'au prochain congrès cette publication soit à la disposition des
savants qui voudront travailler au déchiffrement.
La section demande qu'on porte à l'ordre du jour du prochain
congrès la question de l'adoption d'une transcription unique de
l'égyptien.

Sectionen IV und V (vereinigt).

Montag den 27. September: Erste Sitzung. Eröffnung der Sectionen.

Nach einer kurzen Ansprache des Prof. F. Müller, welcher angesichts der geringen Anzahl der Mitglieder eine Vereinigung der beiden Sectionen vorschlägt, wird das Bureau constituirt und wird zum Präsidenten der Section IV gewählt: Prof. Dr. G. Schlegel; zum Secretär: Prof. Cordier; zum Präsidenten der Section V: Prof. Dr. G. von der Gabelentz; zum Secretär: Dr. Cust.

Dienstag den 28. September, $9^{1}/_{2}$ Uhr Vormittags. Zweite Sitzung.

Der Vortrag des Herrn Dr. Cust: ‚Unsere gegenwärtige Kenntniss der Sprachen Oceaniens‘ wird von Dr. Rost gelesen. An der sich daran knüpfenden Debatte nehmen Theil die Herren Prof. F. Müller, G. von der Gabelentz und Kuhn.

Prof. von der Gabelentz dankte zunächst dem Vortragenden persönlich und wies dann auf die eigenartigen Probleme hin, die uns gerade auf diesem Sprachgebiete erwachsen. Eine grosse Sprachenfamilie Völker verschiedener Rassen in sich vereinigend: hier die Malaien und ihre näheren Verwandten von Madagaskar bis Formosa, den Philippinen und Celebes, dort die Polynesier weit über das Meer zerstreut und doch fast nur Dialecte derselben Sprache redend, endlich die Negroiden, die Negritos, die Melanesier und mindestens ein Theil der Papuas von Neu-Guinea und dann die Mikronesier, deren Sprachen bei aller grammatischen und lexikalischen Verwandtschaft mit den malaisch-polynesischen doch in Bau und Sprachschatz weit auseinandergehen. Als Beispiele werden die Pronominalformen des Annatom, der Vocalismus, die Conjugation und die Possessiv-bildungen des Mafoor angeführt. Dass eine melanesische Sprache Infixe haben könne, haben wir erst von der Duke of York-Sprache gelernt, und dann hat es Kern in matteren Spuren am Fidschi nach-gewiesen. Es ist wohl zu vermuthen, dass die schwarzen, kraus-haarigen Vorfahren dieser Völker Sprachen geredet haben, die sich den malaisch-polynesischen gegenüber selbständig verhielten, dass sie dann, vielleicht in sehr verschiedenem Masse, vielleicht stellenweise bis zum gänzlichen Aufgeben des heimischen Idiomes von den braunen Seefahrern sprachlich beeinflusst wurden; wird uns doch erzählt, wie gern sie heutzutage ihre Muttersprachen mit allen den Fehlern verunstalten, die sie aus dem Munde der Weissen hören. Ist diese Vermuthung richtig, so darf man weiter annehmen, dass Reste jener alten ungemischten Sprache sich noch in den heutigen melanesischen Sprachen auffinden lassen. Nur verspreche man sich davon nicht zu viel. Erstens ist der malaische Wortschatz noch lange nicht in seiner Ganzheit zugänglich, und die Erfahrung scheint zu beweisen, dass jeder Fortschritt auf dieser Seite zur Entdeckung weiterer ver-wandtschaftlicher Anklänge auf melanesischem Gebiete führe. Zweitens ist die Möglichkeit nicht ganz ausgeschlossen, dass jene postulirten rein-negritischen Sprachen unter sich sehr verschieden gewesen seien. Drittens konnten auch sehr wohl die braunen Menschen von den Schwarzen so Manches lehnsweise in ihre Sprachen aufnehmen. Codrington versteigt sich sogar zu der Hypothese, der malaisch-polynesische Sprachstamm sei auf malaischem Boden erwachsen, gelbe Asiaten hätten die Sprache der schwarzen Insulaner angenommen. Wäre dies richtig, so würde man schwer begreifen, warum gerade die malaischen Sprachen die volleren, anscheinend reineren Laut-formen aufweisen.

M. Feer spricht über die Etymologie, Geschichte und Ortho-graphie des Wortes ‚Tibet‘.

Mittwoch den 29. September, 9½ Uhr Vormittags. Dritte Sitzung.

Prof. Terrien de Lacouperie legt mehrere aus Formosa stam-mende Manuscripte in chinesischer Sprache mit einer formosanischen in lateinischer Schrift geschriebenen Uebersetzung vor und erläutert dieselben. Er spricht dann über ein Lolo-Manuscript auf Seide und zeigt der Versammlung mehrere Inschriften, geschrieben in der Sprache der Mo-so. Zum Schlusse legt er die Proben seines Kataloges der chinesischen Münzen des British Museum vor, welcher auf sechs Quartbände berechnet ist, sowie seines Werkes über die Anfänge der Schrift in Tibet und in den angrenzenden Ländern.

Donnerstag den 30. September, 9½ Uhr Vormittags. Vierte Sitzung.

Prof. Dr. Heller spricht über die von ihm bearbeitete syrisch-chinesische Inschrift von Si-ngan-fu.

Gegen die Erklärung des Herrn Vortragenden von 法 史 *fap-ssì* als Annalist der ‚Kirche‘ von China machte Herr Prof. von der Gabelentz die Einwendung, dass *fap* immer nur Gesetz, Religion u. s. w. heisse, und nie im Sinne von ‚Religionsgesellschaft, Kirche‘ gebraucht werde.

Eine viel umstrittene Stelle der chinesischen Inschrift kommt in Columne VII, 17—34 vor. Hier übersetzt Alex. Wylie die Worte 17—21: 我 三 一 分 身 *ngò sam yit fĕn šn* auf folgende Weise: Our Trinity being divided in nature etc. Diese Uebersetzung scheint nicht richtig.

In der That erklärte Herr Prof. G. Schlegel von Leiden, unter Beistimmung des Herrn Prof. von der Gabelentz und des Herrn Gesandtschafts-Secretärs Tscheng Ki Tong, dass Wylies Uebersetzung unrichtig sei, und gab eine neue bessere Erklärung.

Prof. Samuel Kámori aus Pressburg überreicht eine von ihm verfasste Broschüre ‚Ueber die Grundprincipien der Vergleichung der arischen, semitischen und altaisch-iranischen Sprachen‘.

Prof. Terrien de Lacouperie liest eine Abhandlung ‚Ueber die Sprachen von China vor der Besiedelung des Landes durch die Chinesen‘. An der daran sich schliessenden Discussion betheiligen sich Prof. von der Gabelentz, Schlegel und Cordier. Speciell Prof. von der Gabelentz bemerkt Folgendes:

Der Name 黎 民 *lì mìn*, das schwarzhaarige Volk, mit dem sich die Chinesen in ihren ältesten Urkunden bezeichnen, scheint auf Nachbarvölker mit hellerem Haare hinzudeuten. Dass es solche gegeben habe, dürfte nach den Erfahrungen neuerer Reisender in

Yünnân (z. B. Colquhoun's) nicht mehr zu bezweifeln sein. — Die Karen behaupten aus dem Süden des heutigen China zu stammen, und irre ich nicht, so befinden sich unter den von Edkins (The Miau-Tsi Tribes) gesammelten Vocabularien auch solche von Sprachen, die dem Karen verwandtschaftlich nahestehen.

Freitag den 1. October, 9½ Uhr Vormittags. Fünfte Sitzung.

Die noch angemeldeten Vorträge, deren Verfasser zum Congresse nicht erschienen sind (Bonnell, Harlez, F. Duchâteau) werden vorgelegt und dann die Section geschlossen.

Das Bankett.

Das Bankett, welches das Organisations-Comité den Mitgliedern des Orientalisten-Congresses in dem Saale des Grand Hôtel gab, fand am 30. September statt. Etwa 220 Festgäste hatten an fünf grossen Tafeln Platz genommen. Am grossen Mitteltische sass der Unterrichts-minister v. Gautsch, zu seiner Rechten der Vice-Bürgermeister Steudel und zur Linken der Congress-Präsident Baron v. Kremer, gegenüber Artin und Franz Pascha. Die Delegirten schlossen sich zu beiden Seiten an. In der Vorhalle spielte die Capelle des Infanterie-Regiments Freiherr v. Bauer. Die Reihe der officiellen Toaste eröffnete Baron Kremer mit folgendem Trinkspruch auf den Kaiser:

Messieurs et mesdames,

Plus que partout ailleurs ici en Autriche nous considérons comme un devoir patriotique de ne pas laisser passer une occasion solennelle sans donner expression à nos sentiments de profond dévouement pour S. M. l'Empereur. Pour nous l'idée monarchique est l'objet d'un culte patriotique, car cette idée est le principe le plus fort qui unit les peuples divers qui habitent cette monarchie; cette idée est pour nous en quelque sorte le palladium de l'État, le symbole de son unité et de sa force. C'est donc au Souverain que s'adressent toujours nos vœux les plus sincères; c'est Lui qui est pour nous le suprême protecteur de toute activité, soit intellectuelle soit matérielle, c'est Lui dont la puissante initiative se fait sentir partout.

Nos études aussi ont largement profité de ces bienfaits et rien ne saurait mieux nous rappeler cette influence bienfaisante du Souverain que ce magnifique palais de la science et des hautes études : la nouvelle université où nous avons trouvé un accueil si hospitalier.

C'est en ces sentiments que je vous engage de vider les verres
à la santé de S. M. l'Empereur!

Unterrichtsminister v. Gautsch erhob sodann sein Glas auf die
Festgäste und sprach Folgendes:

Es hat den Anschein, als ob anstatt der classischen Studien,
welche bisher die geistige Richtung beherrschten, eine neue Richtung sich Bahn breche, die wie ein Lichtstrahl auf die Zeit fällt,
das Studium der Orient-Wissenschaften. Wir wissen noch nicht,
welche Zukunft diesem Studium vorbehalten ist und welche Wirkung
es auf unsere Weltanschauung ausüben wird. Ich habe Ihnen, meine
hochverehrten Herren, bei einem andern Anlasse als Vertreter der
Regierung gesagt, mit wie lebhafter Genugthuung diese den Congress
begrüsst, und sage es Ihnen nunmehr auch als Bewohner Wiens,
wie sehr es mich freut, dass Wien einer jener Orte geworden ist,
wo die Männer der orientalischen Wissenschaften sich vereinigt
haben. Ich danke Ihnen für Ihre Gegenwart im Namen der Regierung und bitte Sie, die Dolmetsche dieser Gefühle des Dankes im
Auslande zu sein. Ich erhebe mein Glas auf die Mitglieder des
VII. Orientalisten-Congresses. Sie leben hoch! (Stürmischer Beifall.)

Der Leydener Professor Dr. Goeje brachte sodann auf den Erzherzog Rainer einen Trinkspruch aus, der so lautete:

Meine Herren!

Man ist geneigt, jeden neuen Congress mit seinem Vorgänger
zu vergleichen, und es liegt in dieser Vergleichung nichts Bedenk-
liches, so lange man nur nicht durch den Glanz des Gegenwärtigen
dem Vergangenen ungerecht wird. Von meiner Seite ist dies dem
Leydener Congress gegenüber gewiss nicht zu befürchten, und ich
dürfte daher wohl an erster Stelle berechtigt sein, die Vorzüge des
VII. Orientalisten-Congresses zu rühmen. Ich will nur den einen,
allerdings wichtigsten, hervorheben, dass der hochbegabte edle Fürst,
der sein Interesse an unseren Studien schon wiederholt gezeigt hat,
das Protectorat angenommen und hiedurch das Gelingen des Congresses verbürgt hat. Was Se. kais. kön. Hoheit für die Förderung
der Wissenschaft gethan, brauche ich hier nicht des Näheren aus-
einanderzusetzen. Quid opus est verbis, ubi tot rerum testimonia
adsunt? Dass Se. kais. kön. Hoheit den Werth des Papyrus-Fundes

sogleich erkannte und die Erhaltung dieses kostbaren Schatzes für die Wissenschaft ermöglicht hat, gibt ihm für immer den höchsten Anspruch auf die Dankbarkeit der ganzen wissenschaftlichen Welt. Dieser Dankbarkeit lade ich Sie ein Ausdruck zu geben in dem herzlichen Wunsch: ‚Es lebe Se. kais. kön. Hoheit der durchlauchtigste Erzherzog Rainer, der Protector des Congresses, hoch!‘

Hierauf trat M. Schefer mit einem Trinkspruch auf die Ehren-Mitglieder des Congresses auf:

Je vous demande, Messieurs, la permission de porter un toast auquel, j'en suis assuré, vous vous joindrez avec un vif sentiment de respect et de reconnaissance. Je vous propose la santé des membres honoraires du congrès : ils en ont rehaussé le succès par l'éclat de leur rang, et l'accueil favorable qu'ils réservent à nos travaux est pour nous une récompense et un encouragement. S. M. l'empereur du Brésil, que les corps savants de l'Europe s'honorent de compter parmi leurs membres, a bien voulu donner son adhésion et son exemple a été suivi par S. M. le roi de Suède et de Norvège qui, cette année même, a fourni au monde savant une preuve éclatante de l'intérêt qu'Elle porte aux études orientales. Le congrès placé sous la protection de son A. I. et R. l'Archiduc Rénier a été aussi l'objet de l'intérêt d'un autre prince de la maison Impériale, de S. A. I. et R. Mgr l'Archiduc Charles Louis dont le goût éclairé s'étend sur les productions si belles et si variées de l'art oriental. S. A. le Khédive d'Égypte, en envoyant à Vienne une délégation à la tête de laquelle il a placé de hauts fonctionnaires de l'administration, nous donne un témoignage éclatant de son désir de développer en Égypte le goût des fortes études littéraires. S. A. R. Mgr le duc Philippe de Cobourg, le savant et heureux possesseur de la plus belle collection de monnaies musulmanes des États de la Monarchie autrichienne, a voulu, de son côté, nous faire connaître l'intérêt que lui offrent nos travaux.

J'associerai enfin dans nos souhaits S. Em. le cardinal archevêque de Vienne qui s'est souvenu que l'un de ses illustres prédécesseurs a dirigé pendant quelques années l'académie orientale de Vienne, S. E. M. le Chevalier de Schmerling, vice-curateur de l'Académie Impériale de Vienne et son président, M. le Chevalier d'Arneth, dont les remarquables travaux historiques sont connus de nous tous : enfin M. le Bourgmestre de cette capitale et le rector magnificus de l'Université Impériale et Royale. Vous m'approuverez, j'ose l'espérer, d'avoir

cité ces noms illustres et vous vous associerez au toast que j'ai l'honneur de porter aux ‚Membres honoraires du VIIe Congrès des orientalistes'.

Einen weiteren Toast brachte Prof. Dr. F. Müller (Wien) auf
die Regierung und den Unterrichtsminister als Ehrenpräsident des
Congresses aus. Es hatte dieser Toast folgenden Wortlaut:

Hochverehrte Herren und Damen!

Ich habe einen guten Freund, der ein ausgezeichneter Redner
ist und in Folge dessen sich gern sprechen hört. Es gibt für meinen
Freund kein grösseres Vergnügen als eine Festrede zu halten oder
an der Spitze einer Deputation eine illustre Persönlichkeit zu apostro-
phiren. — Da traf es sich einmal, dass mein Freund als Wortführer
einer Corporation zu einem Würdenträger entsendet wurde, um diesem
gelegentlich einer ihm zu Theil gewordenen hohen Auszeichnung die
Glückwünsche der betreffenden Körperschaft zu überbringen. Mein
Freund hatte eine schöne Festrede ausgearbeitet, von welcher er
einen besonderen Effect sich versprach. In festlicher Stimmung, die
Festrede auf der Zunge, trat er bei dem Gefeierten ein, als dieser
hastigen Schrittes ihm entgegenkam mit der freundlichen Bitte es
nur recht kurz zu machen, da der Wagen, der ihn zur Audienz bei
Sr. Majestät bringen sollte, schon unten warte. Sie können sich den
Schmerz meines Freundes denken! — Denn für einen redelustigen
Professor soll es keinen grösseren Schmerz geben, als an einer ver-
schluckten Festrede zu laboriren. (Allgemeine Heiterkeit.)

Ich bin nun zwar kein Redner und in Folge dessen so rede-
lustig, dass ich mir eine unterdrückte Festrede besonders zu Gemüthe
nehmen würde, und ich glaube auch vor einem solchen Missgeschicke,
wie es meinen Freund betroffen, heute schon aus dem Grunde be-
wahrt zu sein, weil wir beim fröhlichen Mahle sitzen und ich einiger-
massen der Aufmerksamkeit der verehrten Anwesenden sicher bin,
da ich über ein zeitgemässes, interessantes Thema sprechen werde.

Ich will nämlich über die orientalische Frage sprechen.
(Bravorufe.)

Trotz den zahlreichen Bravorufen, die mich ermuntern, be-
merke ich dennoch auf einigen Gesichtern eine Ueberraschung, wahrscheinlich darüber, dass ich es wage über Politik, die mit Recht
beim fröhlichen Mahle verpönt ist, mich auszulassen. Doch ich kann

Ihnen im vorhinein die Versicherung geben, dass ich weder die bulgarische Frage, noch eine andere der sogenannten ‚brennenden‘ Fragen berühren werde, und dass keiner der gefürchteten Namen, welche mit der orientalischen Frage verknüpft sind, über meine Lippen kommen wird.

Jene orientalische Frage, von welcher ich sprechen will, ist von der grossen orientalischen Frage der Zeitungen ganz verschieden. Während die orientalische Frage der Zeitungen gleich einer Seeschlange auftaucht um ungelöst zu verschwinden und dann wieder einmal aufzutauchen, ist meine orientalische Frage bereits gelöst (Bravorufe); während die orientalische Frage der Zeitungen auf die Zerstückelung des Orients es abgesehen hat, strebt meine orientalische Frage eine Vereinigung desselben an (Bravo), während jene gewiss einmal mit Blut und Eisen ihre Lösung finden wird, wurde diese mit echt orientalischer Freundlichkeit und Geschicklichkeit gelöst und was das Schönste an der Sache ist: Derjenige, welcher die orientalische Frage gelöst hat, hat nicht nur nichts genommen, sondern im Gegentheil viel — sehr viel gegeben. (Heiterkeit.)

Und dieses Kunststück, die höchst verwickelte orientalische Frage zur Zufriedenheit aller Betheiligten zu lösen, hat der verehrte Ehrenpräsident des Congresses, Se. Excellenz der Herr Unterrichtsminister Dr. v. Gautsch zu Stande gebracht.

Se. Excellenz hat durch uns, das Organisations-Comité, einen Congress zusammenberufen, welcher nicht nur von den Grossmächten beschickt wurde, sondern zu dem die Grossmächte selbst erschienen sind. Wie die heutige Sitzung zeigt, wurden alle Vorlagen beifällig genehmigt, keine derselben wurde zurückgewiesen. (Heiterkeit.)

Se. Excellenz hat aber auch für die Zukunft gesorgt, indem er durch Schaffung des von ihm reich dotirten Orientalischen Institutes an unserer Hochschule, den Jüngern orientalischen Wissens Mittel und Gelegenheit bieten wollte sich mit den verschiedenen Fächern dieser wissenschaftlichen Richtung eingehend zu beschäftigen.

Angesichts dieser edlen Fürsorge der hohen Regierung und der hochherzigen Unterstützung, welche sie den orientalischen Wissenschaften hat zu Theil werden lassen, drängt es mich im Namen der Mitglieder des Organisations-Comités, Sr. Excellenz dem Herrn Unterrichtsminister, unserem verehrten Ehrenpräsidenten als Vertreter der hohen Regierung den schuldigen Tribut unseres Dankes und unsere

tiefste Verehrung darzubringen. Ich lade Sie daher, verehrte An-
wesende, ein mit mir das Glas zu erheben und einzustimmen in
den Ruf: Se. Excellenz der Herr Unterrichtsminister Dr. v. Gautsch
lebe hoch! (Hochrufe.)

Sodann brachte Mr. Cust (London) in englischer Sprache einen
Toast auf Wien aus, der folgendermassen lautete:

'I beg to propose the toast of "The prosperity of the Renowned
City of Vienna" — famous in history since the time of the Cru-
sades; famous for its university and hospitals; famous for its learned
men and beautiful women.'

Nach Mr. Cust toastirte, in Stellvertretung des Herrn Bürgermeisters Uhl, Vicebürgermeister Steudel auf die orientalischen Wissenschaften. Der Trinkspruch lautete:

Hochverehrte Damen und Herren!

Es gereicht mir zur besonderen Ehre in Vertretung des Herrn
Bürgermeisters, der durch Unwohlsein verhindert ist in Ihrer Mitte
zu erscheinen, auf den Trinkspruch, welcher soeben zu Ehren der
Stadt Wien ausgebracht wurde, mit dem Ausdrucke des Dankes das
Wort zu ergreifen.

Ein erhebendes Gefühl erfasst mich, wenn ich in diesem Augen-
blicke der hervorragenden Leistungen gedenke, welche die Wissenschaft in unserem Jahrhunderte auf dem Gebiete der Orientalistik
zu Tage gefördert hat.

Gleich mir ersehen auch meine Mitbürger in der Mission,
welche Sie, hochgeehrte Herren, übernommen haben, ein Werk von
eminenter Bedeutung für die Geschichte der menschlichen Cultur,
und Wien ist stolz darauf Zeuge dieser Forschung zu sein, die bestimmt ist, dem Adel der Menschheit in ihrem Geistesleben Ausdruck zu geben. Im Mittelpunkte eines Staates, der schon vor
Jahrhunderten die Wichtigkeit der orientalischen Sprachen für das
praktische Staatsleben erkannt, und für das Studium derselben keine
Opfer gescheut hat, ersieht die Reichshauptstadt in Ihnen die Mit-
arbeiter an jener hohen Sendung, die Oesterreich im Osten zu er-
füllen berufen ist. — Mit Stolz blicken wir auf jene Männer, die
in der Metropole des Reiches als Gelehrte auf dem Gebiete der
Orientalistik thätig sind, und deren Namen in der Geschichte der

Wissenschaft Zeugniss geben von der Mitwirkung Oesterreichs an der
grossen internationalen Forschungsarbeit. — Das gleiche Gefühl der
Hochachtung und Verehrung bringt die Stadt Wien auch jenen Mitgliedern des Congresses entgegen, welche als Repräsentanten verschiedener Nationen und Völker an diesem vielbedeutenden internationalen Friedenswerke theilnehmen, das von dem wissenschaftlichen
Streben unserer Tage ein glänzendes Zeugniss gibt. Gestatten Sie
mir der allgemeinen Stimmung der Stadt, deren Bürgerschaft ich
vertrete, in den Worten Ausdruck zu geben:

Die Wissenschaft der Sie dienen, und die berufen ist der Welt
die reine und geklärte Wahrheit zu überliefern, sie blühe und gedeihe
zum Wohle der Völker von Ost und West!

Hoch lebe Ihre Wissenschaft!

Darauf sprach Graf Carlo Landberg, der Delegirte von Schweden,
nachstehende Worte:

Un jour, pendant mes pérégrinations chez les Bédouins de la
Syrie, je me trouvais dans une tente du désert. A côté de moi était
assise une jeune femme bédouine, aux yeux de gazelle, aux tresses
couleur de nuit, qui m'apprêtait le repas du soir. On parlait amour
et poésie. ,Qu'entends-tu, lui demandai-je, par le mot femme?' —
,La femme, répondit-elle, est comme la rose de la R̥ûta de Damas:
elle t'enivre de son parfum, mais elle veille sur toi pendant ton som-
meil, et lorsque tu te réveilles, tu la trouves assise à côté de toi
demandant à tes yeux ce que tu désires.' Oui, c'est bien là la femme,
cette rose des vergers de Damas, qui nous donne l'enivrement de son
amour pour que nous résistions à l'ardu labeur dans la jachère de
la science. Comme la gazelle du désert s'en va tous les matins, avec
le soleil levant, s'abreuver à l'eau de la petite rivière, notre gazelle
à nous a voulu nous accompagner au Kautser viennois pour vider
avec nous la coupe de l'amitié, pour admirer avec nous nos confrères
d'une science consommée et pour exciter les jeunes érudits, qui n'ont
pas encore dressé leur tente au milieu de la tribu, à cette razzia
scientifique à laquelle nous nous livrons sans cesse. Je bois à la santé
des dames membres du Congrès.

Hierauf sprach Chinas Delegirter Tscheng Ki Tong über die
Völkervereinigung auf dem Congresse Folgendes:

Meine Herren!

Es ist zum esten Male, dass die chinesische Regierung unmittelbar an einem Orientalisten-Congresse theilnimmt, und ich bin glücklich, der erste chinesische Delegirte zu sein, welcher sich in der Mitte der Gelehrten des Occidents befindet. Gestatten Sie mir, Ihnen zu sagen, dass der Zweck, den ich mit der Veröffentlichung meiner Werke, die Sie kennen, zu erreichen beabsichtigte, sich im vollständigen Einklange mit dem des Congresses befindet. Das Bestreben zur Herstellung internationaler Beziehungen scheint mir eines der charakteristischen Merkmale der Zeit zu sein, in der wir leben. Alle Völker des Weltalls statten sich Besuche ab; sie studiren sich gegenseitig, anfänglich aus Neugierde, dann aus Interesse, theilen sich ihre gegenseitigen Eindrücke mit, ihre Verwunderungen und ihre Bewunderungen. Wenn es bis nun nicht gelungen ist, aus diesen ersten Beziehungen die Vortheile zu ziehen, welche von vielen hervorragenden Geistern vorausgesehen wurden, so dürfen wir zum mindesten hoffen, dass dieselben nicht ohne Einfluss auf den Gang des Fortschrittes bleiben werden.

Meine Anwesenheit unter Ihnen ist ein Beweis für das eben Gesagte. Sich selbst kennen zu lernen war der Lieblingssatz der Philosophen des Alterthums. Die Weisheit aller Völker bestand in der Anwendung dieser Lehre, wie schwer dieselbe auch sei. Ich weiss nicht, ob die Kunst des sich Erkennens seit Confucius und Sokrates Fortschritte gemacht hat, und ob dieselbe heute noch Schüler hat. Ich gestehe, dass es im Taumel des modernen Lebens unmöglich ist, sich mit sich selbst mit jener Aufmerksamkeit zu beschäftigen, welche diese grossen Weisen verlangen. Viel nützlicher und viel nothwendiger ist es, das ‚Ich‘ des nächsten Nachbars — und wer ist heute nicht nächster Nachbar? — kennen zu lernen. Ich setze voraus, dass alle Völker sich über diese neue Auslegung der Philosophie des Alterthums geeinigt haben, da sie nicht nur Handelsartikel, sondern auch Ideen austauschen, das heisst jedes von ihnen dem andern die Grundelemente seiner eigenen Civilisation mittheilt. Niemals hat das Wort ‚universell‘ grössere Ambitionen erhoben als jetzt, denn es aspirirt, das Universum für eine harmonische Sprache zu erobern, welche alle Menschen sprechen.

Wenn sich dieses Wunder erfüllte, würde man bald das Zauberwort vernehmen, dass die Geschichte vom babylonischen Thurme keine Geltung mehr hat. Es ist nicht meine Absicht, mich zu moquiren. Ich weiss aus langer Erfahrung nur zu gut, welches Interesse die Menschen daran haben, sich zu verstehen, bevor sie sich kennen. Sie haben, meine Herren, gewiss beobachtet, dass die Veranlassung der Kriege, welche die Welt heimsuchen, weit öfter in Wortstreiten als in eigentlichen Thaten zu suchen ist. Es liegt aber vielleicht das Geheimniss des Friedens in dem Satze, dass man, um einander zu kennen, einander erst verstehen müsse, und das ist ja das Programm Ihrer Arbeit. Ich wünsche daher Ihnen Allen den besten Erfolg. Mögen Sie in die Welt, in der wir Alle wie Diogenes umherirren, das Licht und den Frieden bringen. Ich erhebe mein Glas auf das Wohl aller Orientalisten!

Hierauf toastirte Hofrath Zschokke auf die Verdienste der orientalischen Wissenschaften, indem er sprach:

Mit grosser Freude und Genugthuung erlaube ich mir zu constatiren, dass auf dem VII. Internationalen Orientalisten-Congresse sämmtliche theologische Facultäten der österreichisch-ungarischen Monarchie vertreten sind, und mit Recht: hängt ja die Theologie, wie kaum eine andere Wissenschaft, durch hundert Fäden mit den orientalischen Studien zusammen. Abgesehen von den Ländern des Orientes, welche den Schauplatz der heiligen Geschichte beider Testamente bilden, ist das Studium der orientalischen Sprachen, namentlich des semitischen Zweiges, für den Theologen von grösster Wichtigkeit. Der grösste Theil der alt-testamentlichen Bücher ist im Hebräischen verfasst, zu dessen genauer Kenntniss das Studium der übrigen verwandten Dialecte unerlässlich ist. Ueberdies haben die syrischen Kirchenväter im Syrischen Grossartiges geleistet und das Arabische ist auch in religionsgeschichtlicher Beziehung von grösster Wichtigkeit. Die Assyriologie und Aegyptologie hat durch Entzifferung der Baudenkmäler und Urkunden aus uralter Zeit derartige Resultate erzielt, dass wir Theologen diesen Forschern grossen Dank schulden. Doch die Theologie will nicht blos die fertigen Resultate entgegennehmen, sondern selbst thätig eingreifen, und gewiss haben manche Theologen auf diesem Gebiete Namhaftes geleistet. Die Theologie begrüsst daher den neuen Aufschwung dieses wissenschaftlichen Gebietes mit grösster Freude, ja sie hat an der Förderung desselben das grösste Interesse. Möge das schöne Band der Harmonie, welches die Theologie und die orientalischen Studien umschlingt, auch in Zukunft fortbestehen, und noch mehr sich festigen. Je mehr Licht

aus den Fundgruben des Orientes sich verbreitet, um so sicherer
wird dem Buche der Bücher jene Achtung und Verehrung ungeschmä-
lert erhalten bleiben, welche das Alterthum ihm gezollt hat und die
es auch mit Recht verdient.

Beseelt von dem innigen Wunsche, dass die orientalischen Studien
von Jahr zu Jahr immer mehr erblühen, die schönsten Triumphe
feiern und wir ohne Unterschied der Nation und Confession im fried-
lichen Wettstreite auf diesem gemeinsamen Boden noch recht oft uns
begegnen mögen, erhebe ich das Glas und bringe im Namen der
theologischen Facultäten allen Freunden, Vertretern und Förderern
der orientalischen Studien ein herzliches Hoch!

Hierauf widmete Prof. Dr. Neumann (Wien) der ‚Deutschen
Morgenländischen Gesellschaft‘ und dem ‚Deutschen Palästina-Ver-
eine‘ folgenden Trinkspruch:

Fasse ich die bisherigen Trinksprüche zusammen, so ist ihr
Inhalt etwa folgender: Nachdem zwischen dem Orientalisten-Congresse
und den Mächten, die in diesem Reiche und in dieser Stadt walten,
Gruss und Gegengruss ausgetauscht worden, haben sich einige Vor-
redner zu jener Macht gewendet, welche eigentlich den Orientalisten-
Congress bewogen hat, heuer Wien zu seinem Vororte zu wählen.
Denn nicht allein deswegen, weil Wien die schöne Kaiserstadt an
der sogenannten ‚blauen‘ Donau ist, sondern weil in ihr sich be-
deutende Stätten der Wissenschaft, der orientalischen Wissenschaft
insbesondere, befinden, ist er nach Wien gekommen. Daher war es
richtig, dass die Wissenschaft und deren Vertreter aus den ver-
schiedensten Nationen in Sprüchen gefeiert worden. Denn wie ein
Souverain es thut, so hat auch sie ihre Vertreter hieher gesandt,
zwei wissenschaftliche Vereine aber haben sich entschlossen, nicht
ihre Vertreter zu senden, sondern selbst in corpore zu erscheinen
und ihre General-Versammlung im Anschlusse an den grossen Internationalen Orientalisten-Congress zu feiern, zwei deutsche Vereine,
von denen viele Mitglieder zu den schönsten Zierden dieses Congresses gehören: ich meine die Deutsche Morgenländische Gesellschaft
und den Deutschen Palästina-Verein.

Der Orientalisten-Congress begrüsst diese beiden gelehrten Gesellschaften, deren eine universell wie der Congress das Gesammt-
gebiet der Orientalistik in ausgezeichneter Weise beherrscht, während
die andere ein enges geographisches Gebiet bearbeitet, durch philo-

logische, geographische, naturhistorische und ethnographische Forschung beleuchtet, ein kleines Land, aber eben jenes, an das wir
in erster Linie denken, wenn wir sagen: ex Oriente lux!

Der Orientalisten-Congress begrüsst die beiden Gesellschaften
als Zierden deutscher Wissenschaft; die festgewurzelte, angestammte
Deutsche Morgenländische Gesellschaft und den jungen, aufstrebenden
Deutschen Palästina-Verein. Er wünscht dem alten Verein die Erhaltung der bisherigen Lebenskraft, dem jungen aber Muth und Aus-
dauer; beiden aber die Sympathie die er selbst ihnen entgegenträgt,
Sympathien überall dort, wo man deutsches Wesen kennt und ehrt,
nicht dort allein, wo die deutsche Zunge klingt, auch dort, wo der
Gelehrte neben seiner Muttersprache das Deutsche kennt, weil er die
deutsche Forschung achtet, weil er die Früchte deutscher Arbeit
nicht entbehren kann und will.

In diesem Sinne fordere ich Sie auf etc.

Sodann sprach Herr J. Oppert (Paris) schliesslich einen Toast
zu Ehren des Organisations-Comité's:

Messieurs, la modestie est un ornement, mais on va plus loin
sans elle (ohne ihr). Ainsi s'exprime un proverbe pratique, disons
même, un peu cyniquement pratique. J'espère que tout le monde
sera de mon avis, si je corrige ici une omission qui doit son existence
à la non-observation de cet adage si utilement expliqué ailleurs. On
boit à la santé de beaucoup de monde, de beaucoup de choses; hauts
personnages, grandes institutions ont figuré, et avec pleine raison,
dans la table des matières de cette chrestomathie de littérature bac-
chique. On boit à la santé de tout le monde, excepté à ceux qui
nous ont donné à manger. Ce ne sont pas précisément les cuisiniers
dont je parle, mais ceux qui ont fait la cuisine morale. Je bois au
Comité d'organisation du congrès qui par ses efforts de tous les
instants, son intelligente prévision de tout obstacle, sa sollicitude
circonspecte a fait de ce congrès un vrai succès. Il est facile de
faire figurer son nom sur une liste des membres d'un comité organisateur, il est plus malaisé de remplir ces fonctions de manière à
contenter les membres de ce même congrès. Si l'on n'a pas pris part
à ces sortes de travaux, on se rend difficilement compte de tout le
mérite, de toute l'intelligence, de tout le tact, de toute la connaissance des hommes et des choses qu'il faut déployer dans ces emplois
peu rétribués. Si l'on paie ces fonctionnaires spontanés, c'est souvent

par l'ingratitude, ou, pour le moins, par les reproches qu'on leur adresse, si tout n'a pas marché selon l'attente et l'exigence d'un participant quelconque; et bien du monde regarde les organisateurs de ces réunions comme des justifiables qu'il peut juger et même condamner de par un droit qu'il a acheté en entrant. La question matérielle est très importante, mais les choses d'ordre moral ne le sont pas moins. Il faut rendre à chacun ce qui lui revient, et ménager à tous instants les caprices et les susceptibilités plus ou moins prévues, plus ou moins justifiées. C'est à ces questions personnelles souvent futiles, que peut sombrer la bonne harmonie qui doit régner partout. Or, nous pouvons rendre ce témoignage au comité d'organisation, qui s'est oublié lui-même sur la liste des toasts, qu'il s'est acquitté de sa tâche délicate avec honneur et succès, et c'est tout dire. Je bois donc à la santé de tous les membres de ce comité, à chacun particulièrement et personnellement, en leur assurant que nous emportons dans nos foyers le meilleur souvenir de leur activité et de leur hospitalité!

Gegen 11 Uhr war das Bankett zu Ende.

Sitzung der vereinigten Sections-Präsidien und Delegirten.

Präsident: Baron Kremer.

Graf Landberg verliest nachstehende Depesche Seiner Majestät Oscar II. König von Schweden und Norwegen: ,Wenn der Congress Stockholm als nächsten Versammlungsort beschliesst, würde es mir sehr angenehm sein. Oscar.'

Es wird hierauf unter dem Ausdruck des ehrerbietigsten Dankes gegen Seine Majestät Oscar II. einstimmig beschlossen, den nächsten Internationalen Orientalisten-Congress in Stockholm tagen zu lassen und Seiner Majestät Oscar II. die Wahl des Comité's, sowie die Anberaumung des Termins zur Abhaltung des Congresses anheimzustellen.

Herr Naville trägt im Namen der III. (afrikanischen) Section den Wunsch vor, es möchten vor allen anderen Papyris des Fayumer Fundes bis zur Abhaltung des nächsten Congresses die meroïtischen Papyri zugänglich gemacht werden.

Prof. Dr. D. H. Müller wiederholt den schon auf dem Leydener Congresse ausgesprochenen Wunsch, die Regierung von Grossbritanien und Irland sei zu ersuchen, hinsichtlich der Entlehnung von Manuscripten des Britischen Museums Erleichterungen eintreten zu lassen.

Desgleichen beantragt de Goeje:

,Da es gewiss der Wille Seiner Majestät des Kaisers ist, dass die Benützung der handschriftlichen Schätze der Hofbibliothek den Gelehrten nicht nur in Oesterreich, sondern auch in anderen Ländern Europas gestattet werde, bis jetzt aber mehr als einmal eine Bitte um eine Handschrift abgeschlagen wurde und dadurch wissenschaftliche Arbeiten aufgegeben werden mussten, so beschliesse der Congress sich an Seine Majestät den Kaiser zu wenden mit der unterthänigsten Bitte, dass künftighin, den Intentionen Seiner Majestät gemäss, die Benützung der Handschriften ausserhalb der Bibliothek den Gelehrten erleichtert werde, nach dem Beispiele der meisten Bibliotheken Europas.'

Schluss der Sitzung um 12 Uhr.

———

Schluss-Sitzung.

(2. October 1886.)

Um 1 Uhr erschien Seine k. k. Hoheit Erzherzog Rainer im Festsaale der Universität und nahm mit dem Organisations-Comité am Präsidententische Platz. Der Präsident Freiherr v. Kremer eröffnet die feierliche Schluss-Sitzung.

Vorerst bringt er zur Kenntniss der Versammlung, dass ein Schreiben Seiner Excellenz des Ehrenpräsidenten Dr. P. Gautsch von Frankenthurn eingelaufen sei, womit derselbe sein Nichterscheinen entschuldigt, indem er, verhindert durch Amtsgeschäfte, der Sitzung nicht beiwohnen kann.

Der Präsident macht ferner die Mittheilung, dass seit Eröffnung des Congresses weitere Druckwerke als Geschenke eingelaufen sind. Er erachtet sich ermächtigt im Namen des Congresses den Dank an die Einsender auszusprechen.

Ferner bringt der Vorsitzende folgende in den Sectionen gefasste Anträge in der Form von wissenschaftlichen Wünschen zur Kenntniss der Versammlung:

1. Die semitische Section (I^b) spricht die Meinung aus, dass eine kritische Ausgabe eines Tractates des babylonischen Talmud ein wissenschaftliches Desideratum ist und empfiehlt den Abdruck der Ausgabe eines Tractates durch Herrn Dr. Friedmann in den Acten des Congresses;

2. Die kaiserliche russische Regierung sei zu ersuchen, die methodische Sammlung der Keilinschriften im russischen Transkaukasien zu veranlassen und wissenschaftliche Unternehmungen, welche auf die Sammlung dieser Inschriften im türkischen Armenien gerichtet sind, zu unterstützen.

Der Präsident eröffnet nunmehr der Versammlung, dass in der Sitzung der vereinigten Präsidenten der Sectionen der einstimmige

Beschluss gefasst worden sei, auf Einladung Seiner Majestät des Königs von Schweden und Norwegen, Stockholm als Versammlungsort des VIII. Internationalen Orientalisten-Congresses vorzuschlagen und zwar für das Jahr 1889.

Die Versammlung genehmigt einstimmig diesen Vorschlag.

Der Congress genehmigt ferners den auf Anregung der semitischen Section gestellten Antrag, das Organisations-Comité zu beauftragen, die schon einmal gemachten Schritte wegen des Ausleihens der orientalischen Handschriften des British Museum zu erneuern, sowie geeigneten Ortes eine Eingabe zu machen, um die Schwierigkeiten zu beseitigen, welche der Versendung und der Ausleihung der Manuscripte der kaiserlichen Hofbibliothek in Wien entgegenstehen.

Auf Wunsch der afrikanisch-egyptischen Section (III) wird dem Herrn Dr. E. Naville der wärmste Dank des Congresses ausgesprochen für die ausgezeichnete Weise, in welcher er sich der ihm vom Londoner Congresse übertragenen Aufgabe der kritischen Textausgabe des ‚Todtenbuch der alten Egypter‘ unterzogen und entledigt hat.

Der Präsident bringt schliesslich ein Schreiben des Delegirten für Schweden und Norwegen, Grafen C. Landberg zur Verlesung, womit derselbe erklärt, dass er das von ihm erworbene Manuscript des Ibn Chordádbeh, ein unbestrittenes Unicum, der kaiserlichen Hofbibliothek zum Geschenke anbietet.

Der Präsident erklärt, dass er sich beeilen werde, von dieser Mittheilung die betreffende Behörde in Kenntniss zu setzen.

Der Präsident verlässt hierauf den Präsidentenstuhl, besteigt die Rednertribüne und hält folgende Ansprache:

Messieurs et Mesdames,

Nous sommes sur le point de clôre notre séance et de nous séparer, pour nous retrouver en trois ans, et comme je l'espère, au grand complet à Stockholm.

Avant de nous dire adieu, réglons d'abord les lourdes dettes de gratitude que nous avons contractées.

C'est en premier lieu S. A. I. et R. l'Archiduc Protecteur dont nous n'oublierons jamais les grands mérites pour le congrès et pour les études orientales; son affabilité et sa bienveillance nous laissent un souvenir précieux à tout jamais.

Nous nous rappellerons également l'appui bienveillant du Gouvernement impérial et royal représenté au congrès par Son Excellence

8*

le ministre de l'Instruction publique, président honoraire du congrès, et nous n'oublierons non plus la courtoisie exquise des représentants de la Municipalité de la capitale, ni l'hospitalité qui nous a été offerte par l'Université de Vienne, dont les salles nous ont été ouvertes pour nos conférences.

Je tiens encore à remercier tous ceux qui ont pris part aux travaux du congrès comme M. les Présidents, Vice-Présidents et Secrétaires des sections, enfin vous tous qui êtes venus ici pour illustrer cette réunion scientifique par votre présence.

C'est grâce à vous que ce congrès, malgré les difficultés inévitables en ces choses, a atteint son but et ne restera pas sans bons résultats. Un travail considérable a été fait dans les sections, mais je vous demande la permission de m'en référer au compte-rendu général qui sera publié au plus tôt.

Les congrès internationaux des savants sont, on peut le dire sans être censé d'exagération, d'une utilité incontestable et ils répondent à un besoin très réel.

Le mérite principal qu'ils ont à mes yeux est celui de sauvegarder le caractère cosmopolite de la science dans une époque où, par suite du développement du sentiment individuel des nations, si caractéristique pour notre siècle, il y avait lieu de craindre qu'un certain esprit exclusif ne compromît l'unité des études congénères et la solidarité des intérêts scientifiques.

Les temps où le latin fut la langue commune des érudits et du monde littéraire sont passés pour toujours, et je suis le dernier à le déplorer; partout les sciences ont été popularisées et partout les langues nationales se sont substituées au latin. Et par ce fait les résultats des recherches scientifiques ont été mis à la portée de tout le monde.

Sans doute ce fut un grand progrès!

Mais d'autre part il y avait à craindre que, sous l'empire des idées modernes et du sentiment national fortement développé, les nations ne transportassent sur le domaine scientifique leurs griefs du jour et que chaque nation ne se renfermât chez elle ignorant hautainement ce qu'il y a de bon chez ses voisins.

Certes l'amour de la patrie et de sa nation est un devoir sacré pour tous, mais en matière scientifique, tout cher que soit à chacun son pays et sa langue, il est bon de se souvenir toujours du grand mot du poète romain : Homo sum : humani nihil a me alienum puto.

Le monde savant n'a jamais oublié entièrement ce principe, mais il ne l'a pas appliqué toujours avec la même persistance.

Ce furent les congrès scientifiques internationaux qui sont venus à temps pour en donner l'illustration pratique. Et ce n'est pas un petit mérite : car quelle tâche pourrait être plus méritoire et plus opportune que celle de fortifier le sentiment de la solidarité des intérêts scientifiques et de rechercher tout ce qui unit les nations dans une époque où les questions qui les divisent et les séparent ne sont que trop nombreuses. C'est une grande satisfaction pour les orientalistes de pouvoir dire qu'ils n'ont pas tardé à suivre cette route.

Nous en sommes redevables à l'initiative d'un petit groupe d'hommes éminents qui nous ont devancés en organisant les congrès antérieurs. Ce furent eux qui, les premiers, leur ont donné la direction générale et qui, en même temps, ont eu le courage et l'adresse d'assurer leur retour périodique. Nous, qui venons après eux et qui ne pouvons que suivre leurs traces, nous, qui jouissons des fruits des travaux de nos prédécesseurs, nous sommes tous unanimes dans le même sentiment de sincère appréciation de leur heureuse initiative dont nous avons pu reconnaître depuis tout le mérite.

Vos congrès auront donc leur raison d'être en tant que les causes qui les ont produits resteront en vigueur.

Je ne doute pas que ce sera le cas pour longtemps encore.

Ainsi, selon toute probabilité, vous avez devant vous un avenir long et assuré.

Permettez-moi donc, au moment de terminer nos conférences, de vous exprimer mes souhaits pour l'avenir en me servant de la formule consacrée en Orient en pareille occasion : Pour mille années!

Hierauf besteigt Scheich Hamzah Fathallah die Rednertribüne und trägt ein Gelegenheitsgedicht auf den Congress in arabischer Sprache vor, welches folgendermassen lautet:

هذه قصيدة حضرة الأستاذ الفاضل الشّيخ حَمزة فتح اللّه التى اختتم بها الحَفلة الاخيرة من حَفلاتِ المجَمع العِلمىّ الشرَقىّ بفيِنيا

بسم الله الرحمن الرحيم

أخَيلى ألّلقا يا عزّ اوبة ذى بعـــد   واشهى الهوى وَصل يكون على صدِ
ففيمَ ذرِبتِ الدمع وَبُّحَك عسجِدًا   لنأيى وكَحّلت المحَاجرَ بالشّهـــدِ

وليس لحرّ عن مرادَ من بُدّ	وانّ اغترابى عنك ليس بضائرى
ولم آلُ فى نَيْليهِ مُكتنهلاً جهدى	ففيه تجشّمت المكارة يافعًـــــــا
لبُرْدِ البها ان سآءَهُ خلق البُرْد	وطول مقام الحىّ فى الحىّ مخلق
واعتاض هَذا الغىّ عن ذلك الرشد	فلا تَزيَنّ العَذل يُثنى عزيمتى
فَلُومى اذنْ ما ان يعيد ولا يبدى	اذا قدّر الرحمن ارغام حُسّدى
مضائى بفضل الله فى بغية المجد	وَقد عَرفتُ قومى الأولى تعرفينَهمْ
تنمّصْمَ لِى يا عزّ فـــــى زىّ ذى وّد	عذيرىَ من تأنيب لاح عَلى العُلى
يُوَفّى به نذرى ويُوفى به وَعْدى	فإن طلابيها علىّ محتّـــــــــمٌ
وان كان تشبيبى بثنمة او دعد	ومضمرُ شوقى لا يعود لغيرهـــــا
اذاما نبا عن صوبه المرهف الهندى	وعزمىَ فيها ليبَس يَنبو حُسامــه
وما كفّوُها متّى وجودى ولا وُجدى	وجُودى لها وقف كوجدى بنيَلِها
بهذى الدّنا يومًا لهِمَّتُ بها وَحُدى	ولو لم يَبهِمْ قبلى بها ذو فتــــــوّة
بهالة بدر التمّ أوهامة الأسْـــــد	ولم اقضها حقّ التقاضى وأن غدت
كما هام قلبى فى هواها مِن المهْد	فقد شُغِفتُ بى مُنذ عهد تمائمى
كسا وجهها الديَجوج مَفرِقكِ الجعدى	اجدّك هل تدرين ان سرّت لَيْلة
بخار كمَا غيم تنقشّعَ عن طـــوْد	على متن فلك شامخات شراعها
تشابه فى آفاقه الجزر بالهَــــدّ	تخوض بنا بحرًا خضمّا عبابـــه
تخال اجاج اليَمّ يمخض عن زبد	وتمخر فيه مزبدا فكأنّهـــــــــا
كما يقدح الصفوان وارية الزّنــد	وتسرى فيبْبْلُو اثرُها مِن خلالــه
زئير بخيس الجوّ من اسَــــد ورد	كأن دَوىّ الربيع فى جنباتهــــا
بتوفيق مَولانا مِن الغوْر والنجَـــد	حدت لها ذاكَ السّرى حينما اهتدت
فلا بدّ ان يُهْدى ولا بد ان يهدى	ومن يكِ توفيق الانام امامَـــــه
كريما لانّ البعْد طال به عَهْدى	اما انّ عزمى كاد يضحى فرنّده
لعوْدة مَجد كان فى مصر من مُجْد	ولكنّه التوفيق لمْ يلف غيـــــره
مَعالم غادَتْ عندنا احمد العـود	الم تره أحيى باقطار ملكهــــا
له تلهج الاقطار بالمدح والحمد	وارسَلنا وفدا الى المجمع الذى
يلوح بها العرفان من افق السعْد	بحيث فبينَما العام مُطّلع شمسِه
مليكى بها عن سالف الاب والجد	وللامبراطور فرنسو يوسف الـــ
بها يشترى الحمد المؤثّل بالنقد	باحيا علوم الشرق خيرَ عنايـــة
تصوغ له حسن الثناء الى الخلد	وقد قلّد الاجياد منهُنّ متّـــــة

ليَبقَى مَعَ ألاَجيال لا سِيّما الذى
وقد لَبّت الاقطار للعلم دَعـــــوة
فاوفَدَت الاعيان من كل مَصْقَـــع
وقامت على سوَق بسُوق عكاظِــه
فنادينَهم فيه ونادينَهُــــــمْ الا
واهدى لكم نظما ونثرا وشاهمـــا
فغَضّوا عن التقصير والسهو فيهما
وان راقكم عَذبُ الموارد منهمـا
علوم اللغى بَحرٌ يرى ثمدا فـــان
وعمر البرايا دون ادراكٍ غــــورِهِ
وللعرب فى الاصداف منه فُرائـــد
اجَلّ انّها كَمْ قد زها من فنوذها
ولاحت على الدنيا زكآءَ علومـها
ولكن عراها ما ذوَى منه غصنهـا
على انّها لم تعدم اليوم ناصـــرًا
الا انّه توفيق مِصْرَ تَحَمّـــــد
وقد كنت من عهد الشبيبة مولعًا
وجَمَّعْتُ فيها اىّ سفر فقـــدّنُهُ
جنيّت به من روضها اطيب الجنى
ودونكم التفصيل نثرا لتعلمـــوا
وشُكْرًا لَكُمْ وُلْيَثْنُمْ كلّ واِفـــد
ادرتم على سمعى بسحر بيانكـم
فما استهوتِ الاقداح بالراح عندكم
ندوُمُ علوم الشرق منكم قريبـــرة
وقد قلت فى مدح المليك مؤَرّخا
سنة ١٨٨٦
وناديت يا اهل المشارق ارّحـــوا
سنة ١٣٠٣

بدولته زان الولاية للعهــــــد
بلتبة جيد الفضل أبهى من العقد
له فى فنون الشرق بَند على بند
تضوع بناديبه لها نفحة التّـــــد
اصيَّخوا لمِصْرِىّ اتاكم مَعَ الوفد
بِغُلّكِ به قد كان كالسَّيف فى الغمد
فما لامرى بُدّ من السهو والعمد
فان الفرا يا قوم ابجع للصيـــــد
تَبحّر عمرو فيه الفاه فى زيّـــــد
فحِسب الوَرى من يمّه مبلغ الجهْد
لكلّ لغات الارض كالجوهر الفرد
بافنانها ما قد يَجِلّ عن التّـــــد
وفاحت بها اذكى من المسك والرند
ولله كل الامر قبلا ومن بعـــــد
يعالج من ادوائها القرح بالضمـد
فقد نديَت فيها اياديه بالرّفــــد
بخَرّدها الأشهى الىّ من الشهــد
فشلّت يَدا من سامه خُطّة الفقد
لاَحيى به لو دام فى عيشةٍ رغـد
باتى به ما جنَّمت شبيًّا مـــن الاّ
مَكارمُ غَر الا يَبيط بها عـــدّى
سلافة فضل فاض كالصَّيِّب الجود
فؤادى ولا الاحداق من كحل الخود
عيونا نجاريبها بِكُمْ عَذبية الـوورد
يُبقى لخير الشرق يوسف فى مجد
٤٧ ٩٠ ١٥٦ ٦٣١ ٨٤٠ ١٢٢
بِيُوسُفَ علم الشرق فى احسن السعد
١٦٥ ١١٩ ٩٠ ٦٣١ ١٤٠ ١٥٨

تمّت

Es nahm sodann Prof. Dr. v. Roth aus Tübingen das Wort und sagte:

Herr Präsident! Gestatten Sie mir, dass ich das Wort nehme, um Namens dieser vielsprachigen Versammlung in der Sprache dieser Stadt einen kurzen Dank und Abschied zu sagen.

Es wird Niemand unter uns sein, der nicht durch den glänzenden Verlauf des Congresses mit seinen verschwenderisch uns gewidmeten Empfängen und Festen auf's Höchste befriedigt, ja überrascht wäre. Wir haben erfahren, dass wir in einer Kaiserstadt sind.

Lassen Sie mich zuerst dieser Stadt selbst den verdienten Dank abstatten. Der Abend in ihrem Hause, dem grossartigsten aller Rathhäuser, verbunden mit der persönlichen Liebenswürdigkeit ihrer Vertreter wird uns allen in angenehmster Erinnerung bleiben.

Der nächste Dank richtet sich an Seine Excellenz den Herrn Minister für Cultus und Unterricht, der es nicht verschmäht hat uns manche Stunde seiner kostbaren Zeit zu widmen, und an Sie, Herr Präsident, sowie die Mitglieder des Comités und an alle die Herren, welche mitgewirkt haben die unzähligen Dinge auszudenken, zu besprechen und zu beschaffen, die nothwendig sind, um eine solche Versammlung zu empfangen. Wie vortrefflich Alles ausgedacht und ausgeführt war, brauche ich nicht erst zu rühmen — facta loquuntur!

Den dritten und höchsten Dank aber widmen wir in Ehrfurcht dem hohen Protector dieses Congresses, dessen persönliche Theilnahme, dessen huldvolles warmes Interesse an uns und unseren Arbeiten dem ganzen Congresse seinen eigenthümlichen Reiz und die Weihe gegeben hat.

Lassen Sie uns, verehrte Herren Collegen, den Abschiedsgruss an Wien in den aus dem Herzen kommenden Ruf zusammenfassen: Seine kaiserliche und königliche Hoheit, der durchlauchtigste Herr Erzherzog Rainer, lebe hoch!

Die Versammlung stimmt in das auf den durchlauchtigsten Erzherzog-Protector ausgebrachte Hoch mit Begeisterung ein.

Hierauf sprach der Präsident:

Die Worte des Dankes, die soeben gesprochen worden, nehme ich für das Organisations-Comité mit besonderer Freude entgegen; und nur insoferne ich auch hierin inbegriffen bin, gestatte ich mir das offene Eingeständniss, dass ich zwar auf das Innigste durch Ihre gütige Anerkennung gerührt bin, aber nur eine Pflicht erfüllt habe, die ich mir zur besonderen Ehre anrechne. Es wird zu meinen schönsten Erinnerungen zählen, einer Versammlung so hervorragender Gelehrten als Präsident angehört zu haben. Nur den Wunsch füge ich bei: möge die Erinnerung, die Sie von hier mitnehmen ebenso angenehm sein wie die, welche Sie hier zurücklassen.

Als der Präsident Freiherr v. Kremer seine Worte beendigt hatte, erhob sich Seine kaiserliche und königliche Hoheit Erzherzog Rainer als Protector des Congresses und hielt folgende Ansprache:

Meine Herren Congressmitglieder!

Mit wahrer Theilnahme bin ich den Verhandlungen des Orientalisten-Congresses gefolgt. Die fruchtbringenden Arbeiten der Sectionen, die sich örtlich über drei Welttheile, zeitlich über viele Jahrtausende erstrecken, haben vor unseren Augen die hohe Bedeutung der orientalischen Studien klargelegt. Die Vertreter der verschiedenen occidentalen und orientalischen Völker haben nicht nur wissenschaftliche Erkenntnisse hier gesammelt, sondern auch durch persönlichen Umgang einander kennen und verstehen gelernt. Sie werden in Ihre Heimat die Ueberzeugung mitbringen, dass bei aller Wahrung der Eigenthümlichkeiten Ihres Volkes und bei aller Achtung vor den alten Traditionen die Völker durch gegenseitige Berührung nur gewinnen können. Kehren Sie glücklich in Ihre Heimat zurück und bewahren Sie eine freundliche Erinnerung der Kaiserstadt an der Donau.

Ich erkläre den Congress hiemit für geschlossen.

Hiemit wird der VII. Internationale Orientalisten-Congress um 2 Uhr geschlossen.

Verzeichniss der dem Congresse geschenkten Bücher.

Von Seiner Hoheit dem Chedive von Egypten.
> Eine sehr kostbare Sammlung von arabischen Drucken, 112 Bände umfassend.

Von der Bibelgesellschaft (Vertreter E. Millard in Wien).
> Eine Sammlung von Bibelübersetzungen in hundert Sprachen.

Arsen V. Ajdynean.
> Kritische Grammatik der vulgär-armenischen Sprache. Wien, 1866.
> Grammatik der classischen armenischen Sprache. Wien, 1885.

Leone d'Albano.
> Le couvent du dragon vert, comédie japonaise. Paris, 1873.

Ernst Ritter von Bergmann.
> Hieratische und hieratisch-demotische Texte der Sammlung egyptischer Alterthümer des Allerhöchsten Kaiserhauses. Mit 18 photolithographischen Tafeln. Wien, 1886.

Gustav Bickell.
> Koheleth's Untersuchung über den Werth des Daseins. Innsbruck, 1886.

J. S. Bloch.
> Einblicke in die Geschichte der Entstehung der Talmudischen Literatur. Wien, 1884.

Heinrich Buxbaum.
> Geschichte der israelitischen öffentlichen Gemeinde-Primär-Hauptschule und des Herrmann Todesco'schen Stiftungsgebäudes in Pressburg. Pressburg, 1884.

P. de Cara.

Notizia dei lavori di Egittologia e lingue semitiche.

Paulus Cassel.

Zoroaster, sein Name und seine Zeit. Berlin, 1886.

Zophnat Paneach, Aegyptische Deutungen. Erstes Fragment. Berlin, 1886.

D. Chwolson.

Syrische Grabinschriften aus Semirjetschie. St. Petersburg, 1886.

G. Colizza.

Grammatik der Afar-Sprache. Wien, 1887.

Julien Duchâteau.

Journal des Orientalistes Nr. 1—7, Janvier à Juillet 1875.

Notice nécrologique sur Charles de Labarthe, secrétaire de l'Athénée Oriental à Paris. Paris, 1871.

Sur l'origine de l'écriture japonaise et sumérienne, par J. Duchâteau. Paris, 1873.

Notice sur les Aïno, par J. Duchâteau. Paris, 1874.

Le premier Congrès international des Orientalistes, par Julien Duchâteau. Paris, 1874.

Congrès international des Orientalistes; compte-rendu de la première session. Paris, 1875.

L'ethnographe, 1e série, n° 1, 1878 (Journal d'ethnographie universelle).

August Eisenlohr.

Corpus papyrorum Aegypti I. Band, 1. Heft von Eisenlohr und Revillout. Mit vielen photographischen Tafeln hieratischer Texte.

A. Farinelli.

The death of Count Ugolino, translated into Sanskrit Slokas. Florence, 1886.

Sigmund Fraenkel.

Die aramäischen Fremdwörter im Arabischen. Leyden, 1886.

H. Gamazof.

Collections scientifiques de l'institut des langues orientales du ministère des affaires étrangères.

I. Manuscrits arabes, décrits par le Baron Victor Rosen. St. Petersburg, 1877.

II. Monnaies des Khalifes etc. St. Petersburg, 1877.

III. Manuscrits persans. St. Petersburg, 1886.

IV. Monnaies de différentes dynasties musulmanes, 2ᵉ fascicule.
St. Petersburg, 1881.

K. Glaser.

Indijska Talija I Urvašî. II Mâlavikâ in Agnimitra. Triest, 1885.
Pârvatî's Hochzeit. Triest, 1886.
A. Vaniček. Wien, 1885.
Uebersetzung von Ṛigveda I. 143.

M. J. de Goeje.

Mémoires d'histoire et de géographie orientales. Leyden, 1886.

Goilaw.

Vier Hefte eines deutsch-armenischen Wörterbuches. Wien, 1884
bis 1886.

George A. Grierson.

Bihar peasant life.

Eight grammars of dialects and subdialects of the Bihari language.

William N. Groff.

Lettre à M. Revillout sur le nom de Jacob et de Joseph en égyptien. Paris, 1885.

Guidi.

Testi orientali inediti sopra i sette Dormienti di Efeso. Roma, 1885.
Mosè di Aghel e Simeone abbate. Roma, 1886.
La lettera di Filosseno. Roma, 1886.

Emile Guimet.

Le Musée Guimet à Paris. Paris. Ernest Leroux, éditeur, rue Buo-
naparte 28; 1886.

Note sur la réunion des ouvriers de l'ameublement à Paris. Lue
dans la séance du 13 mars 1883. Lyon, 1883.

L. de Milloué, Catalogue du Musée Guimet. Première partie : Inde,
Chine et Japon, précédée d'un aperçu sur les religions de l'Extrême Orient et suivie d'un Index alphabétique des noms des
divinités et des principaux termes techniques. Nouv. ed. Av.
pl. Lyon, 1883. 8°.

L. de Mill_ou_é, Étude sur le mythe de Vrišabha, le premier tîr-
  thaṃkara des Jainas (Extrait des Annales du Musée Guimet).
  Paris, 1886.

Ignaz Halász.

  Lapponica I. Sprachtexte im schwedisch-lappischen Dialecte der
  Lule- und Pite-Lappmark.

S. J. Halberstamm.

  Commentar zum Sepher Jezira von R. Jehuda b. Barsilai aus Bar-
  celona.

J. Hanusz.

  Sur la langue des Arméniens polonais. Cracovie, 1886.
  Einige slavische Namen armenischer und türkischer Herkunft.
  Berlin, 1886.
  Die indische Cultur im vedischen Zeitalter. Warschau, 1885.

Rev. Hechler.

  Vienna Weekly News. Vienna, 1886.

Rudolf Hoernle.

  A comparative Dictionary of the Bihari Language. Part I. By
  A. F. R. Hoernle and George A. Grierson.

Internationale Zeitschrift für allgemeine Sprachwissenschaft. Programm
  und die beiden ersten Bände. Leipzig, 1884.

Julius Jolly.

  Nârada Smṛiti. 2 Hefte. Calcutta, 1885.
  Manutîkâsaṅgraha. Calcutta, 1885.

Kaiserlich russische archäologische Gesellschaft.
  Memoiren (Zapiski) Band I, Band II, 1.
  Trudy, Band 9—11, 13, 14, 16, 17.
  Zapiski I, 1, 2.

S. Kamory.

  Wissenschaftliche Vorträge über vergleichende Sprachwissenschaft.
    1. Heft. Wien und Pressburg, 1882.
  Vallástan. Pest, 1862.
  Ó testamentomi apokrifus könyvek. Budapest. 1877.
  Arab gyöngyök. Budapest, 1874.

Arab gyémántok. Budapest, 1874.

Biblia azaz Szentirás. Pesten, 1870. Prachtexemplar.

J. Karabacek.

Mittheilungen aus der Sammlung der Papyrus Erzherzog Rainer.

Klinkert.

Drie Maleische Gedichten of de Sjaïrs. Leyden, 1886.

Friedrich Knauer.

Das Gobhilagrihyasutra.

Carlo Comte de Landberg.

Primeurs arabes. Leyden, 1886.

Le premier Congrès international des Orientalistes.

Extrait de la philosophie positive. Novembre-Décembre (Broschüre in grünem Umschlag).

Idem par le Baron Textor de Ravisi. Nantes, 1873.

Idem Compte-rendu. Tome I. II. III., Paris, 1873.

E. Mahler.

Astronomische Untersuchungen über in hebräischen Schriften erwähnte Finsternisse.

Untersuchung einer im Buche ‚Nahum‘ auf den Untergang Ninivehs bezogenen Finsterniss.

Die Irrationalitäten der Rabbinen.

Zur talmudischen Mathematik.

A. F. Mehren.

Om Oprindelsen til det i den orientalske Filosofi of tere forekommende Navn Hay ben Yaqzân. Kjøbenhavn, 1886.

Vues théosophiques d'Avicenne. Louvain, 1886.

Mémoires sur les Carmathes du Bahrain et les Fatimides.

F. Meucci.

Il globo celeste arabico del secolo XI.

E. Naville.

Das egyptische Todtenbuch.

Leopold Pekotsch.

Heimat oder Silistria. Schauspiel in vier Acten von Kemal Bey;

aus dem Türkischen übersetzt und herausgegeben von Leopold
Pekotsch. Wien, 1887.

Pietro Perreau.

Rabbi Immanuel b. Selomo. Corfu, 1884.
Commenti sopra i Salmi, Esther, Ruth, etc.
Oceano delle abbreviature ed appendice. Parma, 1883—86.
Scritti diversi.

W. M. Flinders Petrie.

Third memoir of the Egypt exploration fund. Naukratis; part I.
1884—85. London, 1886.

C. Pfoundes.

Notes on the history of Old Japan.

Portraits d'Orientalistes, gravures et heliotypie.

N. Posdnejef.

Kalmückische Märchen. St. Petersburg, 1886.

Aug. Friedr. Pott.

Allgemeine Sprachwissenschaft und Carl Abels egyptische Sprach-
studien. Leipzig, 1886.

Protap Chandra Roy.

An appeal to the world on the rescue of ancient Indian literature
and the diffusion of old Aryan thought etc.

Râm Dâs Sen.

Aitihâsika Rahasya, part I and III.
A lecture on the modern Buddhistic researches. Calcutta, 1874.
An adress to the V intern. Oriental. Congress 1881.
Bhârat Rahasya.
Ein Werk über kostbare Steine.
Abhidhânachintamani des Hemachandra.

Paul Regnaud.

Essais de linguistique évolutionniste. Paris, 1886.

Royal Asiatic Society.

Journal of the China Branch. Shanghai, 1886. Vol. XVIII, vol. XIX,
part 1, vol. XX and vol. XXI, nos I and 2, 1886.

H. Salemann.

Lexicon persicum.

Materialien zur Kenntniss der Jagnaubi, gesammelt von Kuhn und Akimbetef, bearbeitet von Salemann.

P. Basile Sarkissian.

Étude sur la vallée de l'Araxe et ses trois villes anciennes. Venise, 1886.

Ein Schatzstück des Museums für Völkerkunde in Berlin.

C. Schefer.

Nouveaux mélanges orientaux. Mémoires, textes et traductions publiés par les professeurs de l'École spéciale des langues orientales vivantes à l'occasion du septième Congrès International des Orientalistes, réuni à Vienne (Septembre 1886). Paris. Imprimerie Nationale, 1886.

C. F. Seybold.

Ibn al Anbârî's Asrâr-al 'Arabîya. Leyden, 1886.

C. Snouck-Hurgronje.

Mekkanische Sprichwörter und Redensarten. Gesammelt und erläutert von Dr. C. Snouck-Hurgronje. Haag, 1886.

Journal de la Société Finno-Ougrienne.

Suomalais-Ugrilaisen Seuran Aikakauskirja. Helsingissae, 1886.

J. S. Speyer.

Sanskrit Syntax by Dr. J. S. Speyer, with an introduction by Dr. H. Kern. Leyden, 1886.

M. Straszewski.

Powstanie i rozwój pesymizmu w Indyach. Kraków, 1884.

R. C. Temple.

Draft. The Epigraphist to the Government of India.
Draft. Hindustani Proverbs.

W. de Tiesenhausen.

Notice sur une collection de monnaies orientales de Stroganoff. St. Petersburg, 1880.

Recueil de matériaux pour l'histoire de la horde d'or. St. Petersburg, 1884.

Monnaies des khalifes orientaux. St. Petersburg, 1873.

Tscheng-Ki-Tong.

Les Chinois, peints par eux-mêmes.

Le théâtre des Chinois. Paris, 1886.

William F. Warren.

Paradise found, the cradle of the human race at the north pole. 7th edition. Boston, 1886.

H. Zschokke.

Bericht über die Festfeier aus Anlass der Eröffnung des Neubaues der k. k. Universität, und die feierliche Installation des Rectors der Wiener Universität für das Studienjahr 1884 85 am 11. und 12. October. Wien. Selbstverlag der k. k. Universität.

Bericht über das Studienjahr 1884/85 an der Wiener k. k. Universität; erstattet von Dr. Herrmann Zschokke d. Z. Prorector der k. k. Universität. Wien. Selbstverlag der k. k. Universität.

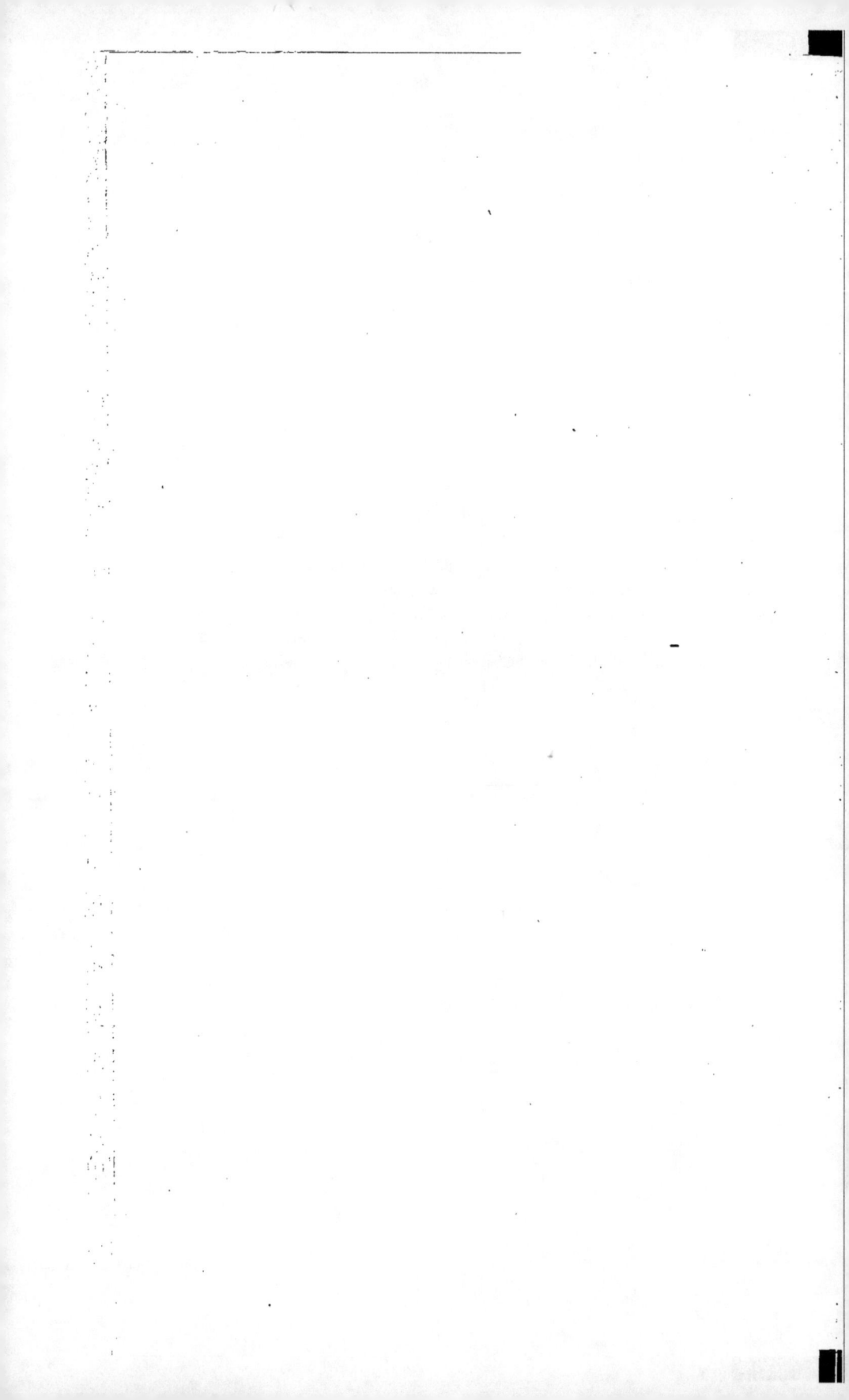

Verlag von Alfred Hölder, k. k. Hof- und Universitäts-Buchhändler,

Wien, I., Rothenthurmstrasse 15.

Zeitschrift, Wiener, für die Kunde des Morgenlandes. Herausgegeben und redigirt von G. Bühler, J. Karabacek, D. H. Müller, F. Müller, L. Reinisch, Leitern des Orientalischen Institutes der Universität. Preis eines Bandes von vier Heften   M. 10.—.

Colizza, Giovanni, Lingua 'Afar nel nord-est dell' Africa. Grammatica, testi e. vocabolario.   M. 6.—.

Müller. Dr. Friedrich, Professor an der Universität, Mitglied der kais. Akademie der Wissenschaften, Mitglied und d. Z. Vice-Präsident der Anthropologischen Gesellschaft in Wien u. s. w., **Grundriss der Sprachwissenschaft.** Drei Bände.   M. 47.40.
                                        Gebd. in 5 Halbfranzbände M. 53.40.

Hieraus einzeln:

Band I. 1. Abtheilung. Einleitung in die Sprachwissenschaft.   M. 3.60.
„   I. 2.   „   Die Sprachen der wollhaarigen Rassen.   M. 5.60.
„   I. complet M. 9.20, gebd. M. 10.40.

„ II. Die Sprachen der schlichthaarigen Rassen. — 1. Abtheilung. Die Sprachen der australischen, der hyperboreischen und der amerikanischen Rasse.
                                        M. 9.—, gebd. M. 10.20.

„ II. 2. Abtheilung. Die Sprachen der malayischen und der hochasiatischen (mongolischen) Rasse.   M. 8.80, gebd. M. 10.—.

„ III. Die Sprachen der lockenhaarigen Rassen. — 1. Abtheilung. Die Sprachen der Nuba- und der Dravida-Rasse.   M. 5.—.
                                        gebd. M. 6.20.

„ III. 2. Abtheilung. Die Sprachen der mittelländischen Rasse.
                                        M. 15.40, gebd. M. 16.60.

„ IV. 1. Abtheilung. Nachträge zum Grundriss aus den Jahren 1877—1887.
                                        M. 5.60.

— — **Allgemeine Ethnographie.** Zweite umgearbeitete und bedeutend vermehrte Auflage.   In Leinwand gebunden M. 12.—.
                                        Elegant in Leinwand gebunden M. 14.—.

Reinisch. Leo, Die **Bilin-Sprache.** II. Band: Wörterbuch der Bilin-Sprache. Mit Unterstützung der kais. Akademie der Wissenschaften in Wien.   M. 20.—.

Schreiber, J., Prêtre de la Congrégation de la Mission dite des Lazaristes fondée par St. Vincent de Paul. **Manuel de la langue tigraï,** parlée au centre et dans le nord de l'Abyssinie.   M. 6.—.

Winternitz, Dr. M., आपस्तम्बीयं गृह्यसूत्रम्. The Âpastambîya Grihyasûtra with extracts from the commentaries of Haradatta and Sudarsanârya. Under the patronage of the Imp. Academy of Vienna.   M. 5.—.

Verlag von Alfred Hölder, k. k. Hof- und Universitäts-Buchhändler,

Wien, I., Rothenthurmstrasse 15.

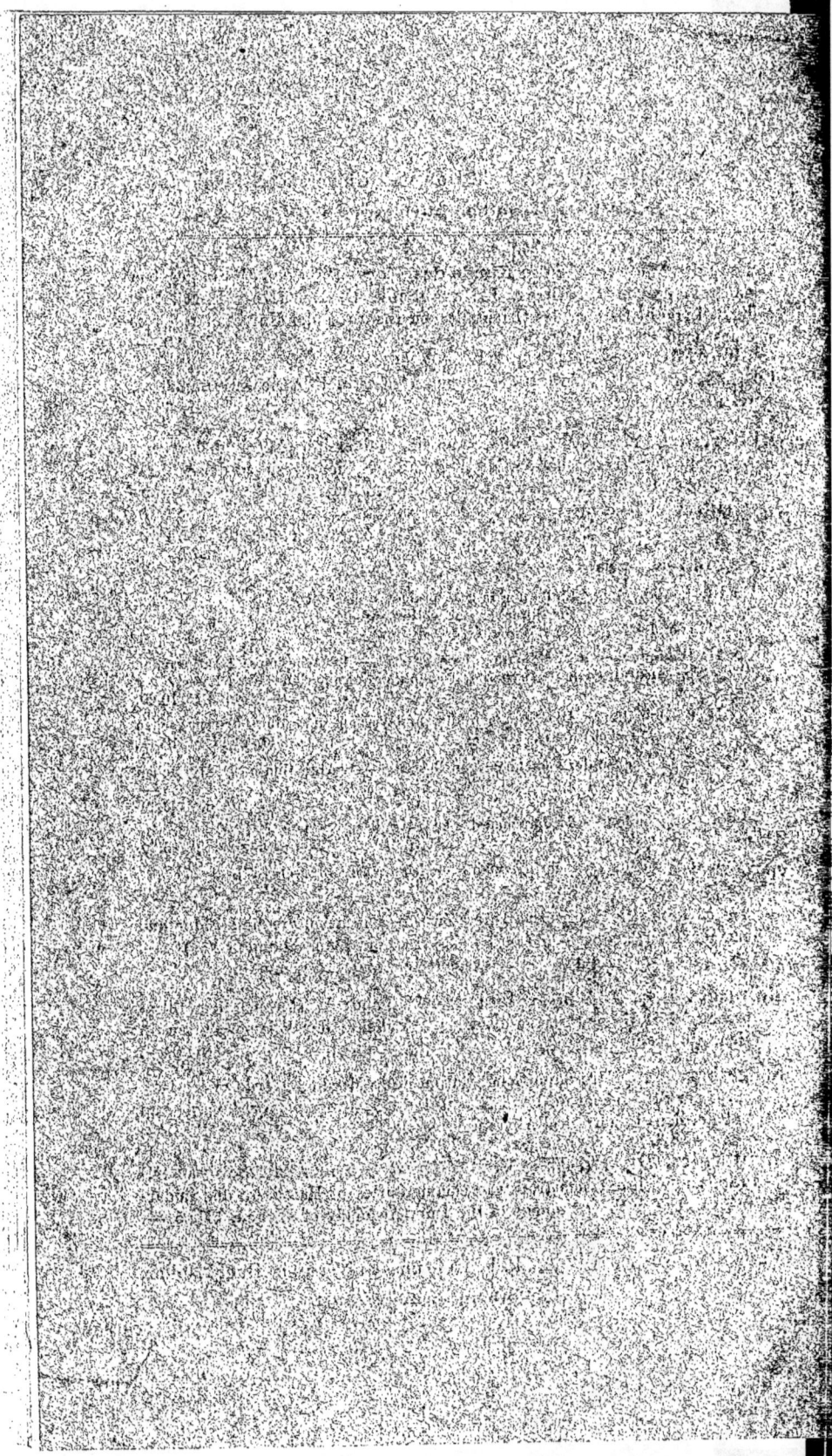

www.ingramcontent.com/pod-product-compliance
Lightning Source LLC
Chambersburg PA
CBHW071757090426
42737CB00012B/1849